Ansatzschnäpse und LIKÖRE

HAUSGEMACHT

avBUCH

Vogelbeer-Likör
für die Verdauung
100g Beeren / 500ml Korn
32%

Ansatzschnäpse und LIKÖRE

REZEPTE ZUM DURCHKOSTEN

Waltraud Jöbstl
Matthias Pirker

avBUCH

Bildnachweis

Umschlag
Stockfood (Vorderseite), Wolfgang Redeleit (Rückseite)

Kern
Bildagentur Waldhäusl: S. 12/13, 14/15, 16/17, 18, 19, 21, 22, 25 unten, 27 oben, 28/29, 33, 35, 37, 38/39, 40/41, 44/45, 46, 48/49, 50, 51, 52/53, 58, 62, 64/65, 66, 67, 69, 70, 71, 74, 80, 81, 93, 112, 113, 114/115, 116, 117, 122/123, 124, 125
Gery Wolf: S. 10/11, 16, 54/55, 56, 60/61
Daniel Böswirth & Alice Thinschmidt: S. 23, 24, 25 oben, 26, 27 unten, 77, 78, 81 rechts, 82, 83, 84, 85, 88, 89
Wolfgang Redeleit: S. 6, 8/9, 30, 31, 32, 47, 72/73, 74, 75, 87, 95, 104, 105, 108, 111, 119
Toni Muhr: S. 79
Bildagentur IGG: S. 90
Digitalstock: S. 57, 96/97, 98/99
Liesl Biber: S. 100, 102/103
Infood: S. 106
Bildagentur Weingartner: S. 107
Bildagentur Photoactive: S. 110
Stockfood: S. 2, 120/121
Miguel Dieterich: S. 109

Druck- und Verlagsges.m.b.H. Nfg.KG,
Sturzgasse 1 a, A-1141 Wien,
E-Mail: buch@avbuch.at, Internet: www.avbuch.at

Projektleitung: Alexandra Mlakar
Layout-Design: Ravenstein und Partner, Verden
Satz: Simone Voßwinkel, Berlin
Bildreproduktion: Hantsch & Jesch PrePress-Services OEG, Leopoldsdorf
Druck: Westermann, Zwickau

Printed in Germany
ISBN 3-7040-2145-8

INHALT

VORWORT

Seit Jahrhunderten wurden in Klöstern, zu denen auch bald private Haushalte kamen, Gewürze, Samen, Früchte etc. zu Ansatzschnäpsen und Likören angesetzt. Manche Rezepte wurden von Generation zu Generation innerhalb einer Familie weitergegeben. In alten Zeiten war es gebräuchlich, den Besuchern – vor allem am Sonntagnachmittag – einen „Aufgesetzten" anzubieten.

Die Freude, seinen Gästen etwas selbst Gemachtes anbieten zu können, sowie das Vergnügen, die eigenen Produkte oft nach längerer Reifezeit zum ersten Mal zu kosten und damit den Reiz des Neuen zu genießen, sind nur zwei der Gründe, warum das Hausgemachte wieder mehr Beachtung findet.

Zudem ist das Selbstansetzen von diversen Ingredienzien in Spirituosen nicht besonders schwierig, auch wenn es einer gewissen Übung bedarf, um ein gutes Produkt zu erzeugen. Eines muss man jedoch immer beachten: Kein Ansatz wird dem anderen gleichen, weil die Reife der Frucht jedes Jahr anders ist, weil verschiedene Mengen und Geschmacksnuancen der Beigaben zu anderen Ergebnissen führen.

Viele Rohstoffe kann man im eigenen Garten ansetzen, sie können jedoch heute auch günstig eingekauft und teilweise sogar auf dem eigenen Balkon und auf der eigenen Terrasse gezogen werden. Für den Genießer hat das Zubereiten von Ansatzschnäpsen und Likören viele Nuancen und man kann durch individuelles Experimentieren seine ganz persönliche Note finden.

Selbstgemachte Liköre – ein Genuss für Kenner!

Der Praxis Tipp

Individuelle, selbst gemachte Ansatzschnäpse und Liköre eignen sich ideal zum Verschenken, besonders wenn sie in eleganten oder ausgefallenen Flaschen abgefüllt und schön etikettiert werden.

Dem Anfänger mögen die ersten Versuche nicht immer ganz gelingen, obwohl alles sorgfältig geplant war. Prosten Sie sich dennoch mit den Ergebnissen zu – der zweite Versuch wird sicher besser gelingen. Das Selbermachen braucht auch ein wenig Geduld, aber in erster Linie wird das Ansetzen große Freude bereiten.

EINFÜHRUNG IN DIE KUNST DES ANSETZENS

Bevor Sie zum eigentlichen Ansetzen schreiten, ist einiges zu überlegen. Sie sollten beachten, dass Sie zu allen Tätigkeiten ein wenig Zeit, vor allem jedoch Freude und Geduld brauchen, was schon beim Sammeln der Ingredienzien notwendig ist. Vielleicht gewinnen Sie jedoch Ihrer Freizeit dadurch interessante Stunden ab und haben große Freude mit den erworbenen Erkenntnissen.

Vor allem sollten Sie jedoch davon ausgehen, dass das Ansetzen nichts mit geheimnisvollen, nicht erklärbaren Dingen zu tun hat, sondern dass es natürliche Vorgänge sind, die nicht schwierig zu erlernen sind.

Das Ansetzen von Schnäpsen und Likören hat auch nichts mit dem Brennen oder Destillieren von Alkohol zu tun. Dieses unterliegt sehr strengen und ausführlichen Gesetzen und sollte in der Regel denen, die es professionell betreiben, vorbehalten bleiben.

Das Geheimnis des Ansatzes

Die wichtigste Rolle beim Ansetzen spielt das beigemengte Destillat. Es entzieht den Kräutern, Früchten, Beeren usw. die Aromen, das heißt, der Alkohol übernimmt – ist alles einmal in der Flasche – fast die gesamte Arbeit, mit Ausnahme des danach notwendigen Filtrierens.

Von einigen wichtigen Grundregeln ausgehend, ist der angesetzte Likör oder Schnaps sehr einfach herzustellen und jeder kann ausgezeichnete Ergebnisse erzielen.

Viele Früchte und Heilkräuter, aber auch Samen, Blätter, Rinden und Wurzeln enthalten spezielle Wirkstoffe und Substanzen, die mittels Alkohol herausgezogen werden können. Diesen Vorgang nennt man in der Fachsprache Mazeration.

Welche Alkoholsorten man verwendet, ist nicht ganz unwesentlich, doch ist der Grundprozess immer derselbe.

Eine wesentliche Wirkung des Alkohols ist seine konservierende Kraft.

Nicht unwesentlich ist auch der Prozentanteil des Alkohols in der Flüssigkeit. Hier unterscheiden sich die Meinungen der Fachleute. Manche meinen, dass für einige Ansätze Weingeist mit rund 95 % Alkohol notwendig ist, andere vertreten die Ansicht, dass ein Produkt mit 40 % genüge. Bei der Herstellung selbst gemachter Liköre geht die Tendenz in Richtung Aromareichtum und weniger in Richtung „Hochprozentiges".

Für die Herstellung von Ansätzen ist die Kenntnis der verwendeten Ingredienzien wichtig, man soll sich vorher gut über die Eigenschaften und Wirkungen der diversen Früchte, Kräuter, Wurzeln, Aromaauszüge etc. informieren. Für Freunde des Ansetzens kann das zu einer interessanten Freizeitbeschäftigung werden, die zu manch neuen Erkenntnissen über die Geheimnisse der Natur führen kann.

Der Praxis Tipp

Eine Grundregel bei allen Bemühungen sollte sein, nur die besten Spirituosen und Beigaben zu verwenden, denn nur diese lassen ein ausgezeichnetes Produkt zu.

Die Herstellung von Ansätzen sollte abhängig von der jeweiligen Jahreszeit erfolgen, weil einerseits die Früchte und Zutaten entsprechend der jeweiligen Saison günstiger zu kaufen sind und andererseits der Reifezeitpunkt der Ingredienzien das Aroma bestimmt. Ungeachtet dessen können jedoch auch tiefgefrorene Waren verwendet werden.

Das Ansetzen sollte nicht zwischen Tür und Angel vorgenommen werden, man sollte sich vielmehr Zeit dafür nehmen. Man sollte auch darauf achten, dass Kinder nicht unbedacht den einen oder anderen „Geist" kosten.

Der Praxis Tipp

Eingekaufte oder selbst gepflückte Ingredienzien sollten sofort verarbeitet werden, selbst die Lagerung im Kühlschrank über zwei, drei Tage verringert den Aromagehalt und es können Gärungsprozesse auftreten, die für die Ansatz-Herstellung nicht geeignet sind.

VORBEREITUNG

Geräte

Waage

Da es unterschiedliche Gewichtsmengen abzuwiegen gilt, ist eine sehr genau anzeigende Waage vorteilhaft.

Getrocknete Kräuter und Gewürze sowie Samen bewegen sich im niedrigen Grammbereich, Früchte haben meist höheres Gewicht.

Präzise Haushaltswaagen können geeignet sein, ansonsten ist es ratsam, für Kräuter und Gewürze etc. eine Apotheker- oder Briefwaage zu verwenden. Es sei besonders darauf hingewiesen, dass vor allem bei gemahlenen Kräutern, Gewürzen etc. genaues Abwiegen angebracht ist.

Becher zum Abmessen der Flüssigkeiten

Es empfehlen sich Messbecher aus Glas – und zwar größere und kleinere im Verhältnis zu den unterschiedlichen Mengen. Auch emaillierte Messgefäße sind geeignet.

Trichter

Zum Abfüllen der diversen Flüssigkeiten sind Trichter aus Hartplastik oder beschichtete Metalltrichter, aber auch Glastrichter verwendbar.

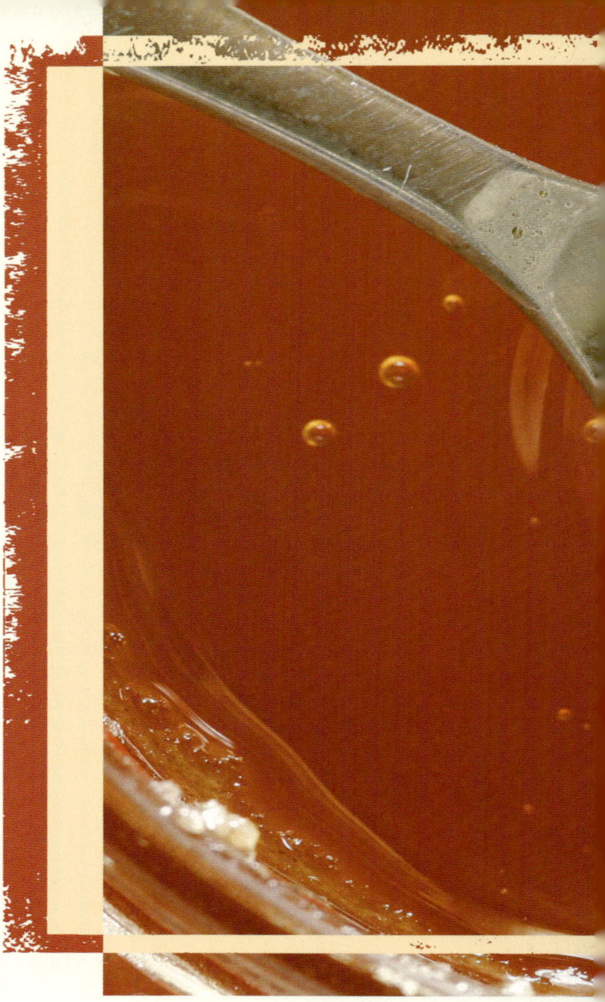

Filtergeräte

Grundsätzlich eignen sich für kleinere Mengen Kaffeefilter mit Filterpapiertüten. Es können auch Haarsiebe oder gröbere Siebe verwendet werden, die jedoch mit einem Mulltuch oder einem Leinentuch auszukleiden sind. Diese Tücher sind vor und nach Gebrauch auszukochen.

Früchtezerkleinerer

Das Zerkleinern der Früchte kann man mit einem einfachen Messer durchführen, doch haben sich in den letzten Jahren immer mehr geeignete Küchenmaschinen durchgesetzt. Mit diesen Maschinen kann man auch entsaften und zu den Früchten bereits den Zucker bzw. auch die Spirituosen dazugeben und unterrühren. Auch so genannte Pürierstäbe eignen sich zum Zerkleinern und Vermischen.

Der Praxis Tipp

Nicht verwendet werden sollen Messbecher, Trichter und Siebe aus Metall.

Diese können von den Flüssigkeiten angegriffen werden bzw. das zarte Aroma beeinträchtigen.

Entsafter

Zum Beimischen der Ansatzschnäpse eignen sich auch Fruchtsäfte, die mit Dampfentsaftern gewonnen werden können. Es gibt einschlägige Geräte im Fachhandel.

Passiergeräte

Es ist manchmal notwendig, Früchte und Beeren zu Mus zu verarbeiten. Dafür eignet sich ein Passierstab oder aber auch herkömmliche Handrührgeräte. Verwendet werden auch Stampfer aus Keramik, Metall oder ähnliche Geräte.

Durchseihhilfen

Der Saft von zerkleinerten Früchten muss durchgeseiht werden. Geeignet sind vorher ausgekochte Leinentücher, die man über größeren Töpfen aufspannt, wobei nach innen eine Ausbuchtung bleiben sollte, in die man die Früchte gibt. Bewährt hat sich auch, auf einem umgekehrten Holzsessel das Tuch zwischen den vier Beinen anzubinden und darunter eine Schüssel zu stellen, damit der Fruchtsaft abtropfen kann.

Der Praxis Tipp

Echte Baumwollwindeln, sorgfältig ausgekocht und getrocknet, ergeben ein ausgezeichnetes Tuch für das Abseihen und die Filtrierung.

Es gibt auch so genannte Schleudersiebe (Salatschleudern). Diese helfen mittels einer handbetriebenen Zentrifuge das Waschwasser zu entfernen.

Schaumkelle

Zum Abschöpfen des Schaumes bei der Herstellung von Sirup oder bei anderen Kochvorgängen zeigt sich die Schaumkelle als sehr geeignet.

Ansatzgefäße

Am besten geeignet sind Ansatzgefäße aus Glas, die einen möglichst breiten Hals haben, damit die Früchte leicht eingefüllt werden können. Dickbauchige Ballone mit breitem Hals sehen nicht nur rustikal aus, sondern sind auch am funktionellsten.

Zum Abschließen verwendet man passende Korken, die in einschlägigen Fachgeschäften, Lagerhäusern etc. erhältlich sind.

Es können auch Einmachgläser mit Schraub- oder Pressverschlüssen verwendet werden.

Ansatzschnäpse, die wenig oder gar kein Licht zur Reifung benötigen, können auch in Steinguttöpfen angesetzt werden, Ansatzschnäpse, die Licht

Es gibt ein breites Angebot an Flaschen und Karaffen, die im einschlägigen Fachhandel, aber auch in Lagerhäusern etc. erworben werden können. Will man die Flaschen nicht selbst mit Korken verschließen, so empfiehlt es sich, solche zu wählen, die bereits Verschlüsse aufweisen. Es ist jedoch darauf zu achten, dass dieser Verschluss sehr gut „sitzt".

Der Praxis Tipp

Verwenden Sie niemals Kunststoffgefäße für das Ansetzen, da der hochprozentige Alkohol zum Teil Weichmacher herauslöst, was nicht nur das Aroma verdirbt, sondern auch Krebs erregend sein kann.

notwendig haben, setzt man am besten in Glasgefäßen an.

Jene Gefäße, in denen die Ansatzschnäpse eingebracht werden, sollten vorher sterilisiert werden. Dies geschieht am besten dadurch, dass man die Gefäße in einen großen Kochtopf oder Einsiedeautomaten stellt und mit heißem Wasser einige Minuten aufkocht.

Der Praxis Tipp

Beim Herausnehmen den Küchenhandschuh anziehen und die heißen Gefäße auf eine vorgewärmte Unterlage stellen, damit sie nicht springen.

Der Vorteil bei der Verwendung von Glas

Glas ist leicht zu reinigen, der Inhalt kommt gut zur Geltung, es ist nicht teuer und kann sehr oft wieder verwertet werden. Glas kann in der Spülmaschine auch sterilisiert werden (auf höchster Stufe und ohne Spülmittel). Sie können Glas auch sterilisieren, indem Sie es in einen Backofen geben, mit der Öffnung nach unten auf ein Holzbrett gestellt.

Gummischlauch

Zum Abfüllen von angesetzten Schnäpsen in weitere Flaschen ist ein Gummischlauch sehr praktisch, der eine Länge von ca. ein bis zwei Metern und einen Durchmesser von ca. einem Zentimeter haben sollte.

Schlauchklemmen

Schlauchklemmen sind ebenfalls sehr praktische Hilfsmittel und dienen dazu, die Mengen zu portionieren bzw. das Überfließen der Ansatzschnäpse zu verhindern, sollte das Abfüllgefäß zu klein sein.

Für das Ansetzen von Schnäpsen (vor allem in größeren Mengen) kann man auch Plastikkanister nehmen, doch ist sehr genau darauf zu achten, dass diese lebensmittelecht und geruchsneutral sind.

Sie sollen vor Gebrauch auf jeden Fall mit einer heißen Sodalösung ausgewaschen und danach reichlich durchgespült werden. Es empfiehlt sich auch, diese Kanister vor dem Gebrauch mit Wasser zu füllen und einige Tage stehen zu lassen.

Reinigungstücher, Putzlappen und Küchenhandschuhe

Bei all diesen Arbeiten ist es sehr praktisch, Reinigungstücher und Putzlappen bereitzuhalten. Auch Haushaltshandschuhe dienen dazu, heiße Gefäße leicht bewegen zu können und sich dabei nicht zu verletzen.

Auch stark saugende Haushaltsrollen und Ähnliches sollten griffbereit sein, denn es wird immer wieder ein wenig verschüttet, etwas rinnt daneben oder tropft auf unpassende Stellen.

Hilfsmaterialien

Unentbehrlich sind Kochlöffel, diverse Gabeln, Messer und Löffel. Für das Etikettieren sind Klebemittel, Filzstifte und für das Verschließen Gummiringe, Pergamentpapier oder andere Abdichtungsmaterialien vorzusehen.

Bürsten

Weiche bis mittelharte Bürsten sind zum Säubern von Knollen und Wurzeln notwendig. Die Stärke der

Bürsten ist immer davon abhängig, welche Oberflächenbeschaffenheit die Knollen und Wurzeln haben, um sie nicht zu verletzen.

Mörser

Sehr zweckmäßig zum Zerreiben von getrockneten Wurzeln und Ähnlichem ist ein Mörser mit einem Mörserstempel, der sowohl aus Metall oder auch aus Keramik sein kann.

Bindfäden

Zum Verschließen von Flaschen und Ansatzgefäßen sind natürliche Bindfäden sehr nützlich.

Auch für das Zusammenbinden von Kräuterbüscheln sind geeignete Bindfäden erforderlich.

Weinthermometer

Dieses Thermometer ist nützlich, wenn Sie Ansatzschnäpse mit einer bestimmten Temperatur servieren wollen.

Flaschenöffner und Korkenzieher

Auch diese alltäglichen Geräte sind nur dann rasch zur Hand, wenn man sie vorbereitet. Da es diese Produkte in allen Varianten gibt, wird man sich für besonders originelle oder schöne entscheiden.

Messer und Schere

Günstig ist, wenn das Messer gut geschliffen und die Schere funktionstüchtig (und nicht ausgeleiert) ist.

Schneidebrett

Zur Hand sollte immer ein Schneidebrett aus Holz oder aus Kunststoff sein, das beim Zerkleinern der Früchte und bei vielen anderen Arbeitsschritten notwendig ist, damit andere Unterlagen nicht beschädigt werden.

Verkorkungsgerät

Besonders leicht lassen sich Korken in die Flaschen pressen, wenn man ein einfaches Verkorkungsgerät heranzieht.

Man verwendet nur reine, sterile Korken, die man als solche zu kaufen bekommt. Bereits benutzte Korken muss man vorher desinfizieren, wenn man sich diese Mühe machen will.

Das Süßen

Bei Ansatzschnäpsen ist eine zusätzliche Zuckerung nicht unbedingt notwendig, es gibt jedoch Geschmacksansprüche, die das Süßen nahe legen. Bei Likören ist eine Zuckerung hingegen immer Teil des Rezepts, Liköre sind fast immer süß, auch wenn beim Kräuterlikör die bittere Note den Zucker überdeckt. Durch den Zucker wird der Likör weich und mild, er mildert die Schärfe seiner Bitterstoffe.

Beim Süßen des Ansatzlikörs kann man verschiedene Zuckersorten verwenden, die auch ein spezielles Aroma ergeben (z. B. Rohrzucker oder Kandiszucker).

Die Zuckerung kann durch zweierlei Maßnahmen geschehen:
Man gibt den Zucker zu Beginn zum Ansatz oder man bereitet einen Zuckersirup, den man anfänglich oder etwas später (wie bei den Rezepten angegeben) beimischt.

Zuckersirup

Zuckersirup stellt man her, indem man jeweils einen Anteil Wasser mit Zucker auflöst, wobei die Stärke des Sirups und auch die Dichtheit von der Menge des Zuckers abhängt, natürlich auch der gewünschte Süßeeffekt.

Diese Mischung bringt man langsam in einem Topf zum Köcheln, wobei sich Schaum bildet, den man abschöpft. Unreinheiten, die im Zucker absinken, werden ausfiltriert.

Den Sirup füllt man in eine Flasche, lässt ihn abkühlen und bewahrt ihn bis zum Gebrauch auf.

Der Praxis Tipp

Bei der Herstellung von Zuckersirup ist darauf zu achten, dass der Zucker nicht in jeder Menge im Wasser löslich ist. Dies hängt auch mit der entsprechenden Temperatur zusammen.

Als Faustregel kann man Folgendes festhalten: Bei einer Temperatur von 0 °C benötigt man für die Auflösung von 1 kg Zucker rund 600 ml Wasser. Bei einer Wärme von 40 °C löst sich 1 kg Zucker in etwa 400 ml Wasser und bei 100 °C benötigt man nur mehr 200 ml.

Man kann Sirup auch aus verkochten Früchten bzw. Fruchtsäften herstellen.

Wenn Sie Kandiszucker (gebräunten Zucker) verwenden, bedenken Sie bitte, dass dieser einen leichten Karamellgeschmack hat.

Der Praxis Tipp

Bei den Ansatzschnäpsen gibt es eine besonders elegante Art der Süßung, nämlich ein Zucker-Wein-Gemisch. Diese Mischung sollte jedoch erst nach der Ansatzzeit und nur in sehr geringen Mengen verwendet werden.

Für zwei Liter Ansatzschnaps genügen 100 ml Wein, der langsam erwärmt werden sollte und in dem der Zucker sorgfältig eingerührt werden muss, bis er zergangen ist. Nachdem das Gemisch abgekühlt ist, gießt man es zum Ansatzschnaps.

Man kann dieser Zucker-Wein-Mischung natürlich auch noch Gewürze beigeben, wie geriebene Zitronenschale, geriebenen Zimt oder geriebene Gewürznelken.

Diese Beigaben erfordern zarte Dosierung und sollten bei der Erwärmung bereits mit dabei sein. Wichtig ist, dass vor der Beigabe die gesamte Flüssigkeit sorgfältig filtriert wird.

Invertzuckerherstellung

Um einen Zuckersirup zu erzeugen, der eine möglichst hohe Zuckerkonzentration hat, gibt es die Möglichkeit der Herstellung eines so genannten Invertzuckers.

Um einen Liter Invertzucker herzustellen, benötigt man einen halben Liter Wasser, in dem ein Kilogramm Zucker langsam unter ständigem Rühren zum Kochen gebracht wird. Wenn diese Mischung zu Kochen beginnt, gibt man ein Gramm Wein- oder Zitronensäure dazu, die vorher in Wasser aufgelöst wurde.

Danach lässt man die Flüssigkeit unter ständigem Rühren noch ca. 10 Minuten weiterköcheln. Wichtig ist, nicht zu stark zu kochen, sonst karamellisiert der Zucker. Bildet sich Schaum, wird dieser abgeschöpft.

Nach diesen 10 Minuten wird die Flüssigkeit ein wenig abgekühlt, in einen Messbecher geschüttet und mit Wasser bis auf ein Liter ergänzt.

Der Praxis Tipp

Sollten Sie keinen Messbecher zur Verfügung haben, genügt auch ein Kochtopf, in dem Sie zuerst einen halben Liter Wasser einfüllen, dann ein Holzstäbchen hineinstellen und genau mar-

Die Frage des Süßens ist ein individuelles Experimentierfeld.

Das Süßen mit Honig

Die Herstellung einer Honiglösung sollte so erfolgen, dass das beigefügte Wasser nicht aufkocht, damit die Inhaltsstoffe des Honigs nicht beeinträchtigt werden.

Der Schaum, der beim Aufköcheln entsteht, sollte wegen seiner Verunreinigungen abgeschöpft werden, ebenso wird empfohlen, nach dem Aufwärmen die Flüssigkeit abzufiltern, weil sich im Honig möglicherweise Schmutzstoffe befinden, die als Zusatz für die Ansätze nicht empfehlenswert sind.

kieren, wo die Oberfläche des halben Liters liegt. Danach gibt man einen weiteren halben Liter Wasser in den Kochtopf und markiert wieder am Holzstäbchen die Höhe der Litermenge. Anschließend gießt man das Wasser weg und behält das Holzstäbchen. Wenn man die heiße Flüssigkeit auf einen Liter ergänzen muss, kann dies nun so geschehen, dass man das Holzstäbchen in den Topf hineinhält und langsam auf einen Liter aufgießt.

Verwendung von Süßstoff

Bei jenen Ansätzen, die wenig Zuckergehalt aufweisen sollen (Kräuter- und Gewürzschnäpse, Kräuter- und Gewürzliköre), kann Süßstoff in kleinen Mengen verwendet werden.

Der Praxis Tipp

Wenn man Honig zum Süßen verwendet, ist nicht nur dessen Süßkraft von Interesse, sondern auch seine vielen Geschmacksnuancen. Sie sollten daher – je nach Geschmack – experimentieren, ob Sie statt Zucker nicht einen Teil Honig verwenden. Treten durch die Beigabe von Honig Trübungen auf, sollen diese durch vorheriges Abziehen oder gutes Filtern entfernt werden.

Der Praxis Tipp

Sie können sowohl die Honiglösung als auch den fertigen Honig je nach individuellem Geschmacksempfinden den Ansätzen beigeben, jedoch immer erst dann, wenn die Ansatzzeit bereits abgeschlossen ist.

Färben des Ansatzes

Das Färben des Ansatzes ist in erster Linie für Liköre relevant. Wenn es gewünscht wird, kann mit Zucker gefärbt werden. Man gibt einige Esslöffel Zucker in eine kleine Pfanne und erhitzt langsam unter kräftigem Rühren, bis die Farbe braun wird.

Je nach gewünschtem Bräunungsgrad nimmt man diese Menge vom Herd und vermischt sie sofort mit einer Alkohol-Wasser-Lösung im Verhältnis 1 : 1.

Diese Lösung lässt man einige Tage stehen, wobei sich die unlöslichen Bestandteile am Boden absetzen. Die verbleibende Mischung sollte man filtrieren und dem Ansatz zugeben.

Früchte

Bei Früchten, die sich schlecht abpressen lassen (z. B. Hagebutten oder Schlehen) oder bei Fruchtarten, die ein sehr empfindliches Aroma haben (z. B. Erdbeeren oder Pfirsiche), ist das Ansetzen der ganzen Früchte von Vorteil. Der Alkohol löst alle alkohollöslichen Bestandteile heraus und baut zum Teil auch die Pektinstoffe ab.

Bei Früchten mit hohem Wassergehalt ist ein hochprozentiger Weingeist empfehlenswert, bei anderen Früchten kann durchaus ein Obstbrand oder Wodka genommen werden. Es ist ratsam, die Früchte entweder anzustechen, anzudrücken oder – etwa bei Marillen (Aprikosen) und Pfirsichen – zu zerschneiden und die Kerne zu entfernen. Wer einen bittermandelähnlichen Geschmack erzielen will, sollte einen Teil der Steine aufschlagen und dem Ansatz zugeben.

Nach mehreren Wochen (auch für diese Ruhezeit gibt es unterschiedliche Empfehlungen) seiht man die Flüssigkeit ab, kann allenfalls mit einer Saftzentrifuge aus den Fruchtresten den letzten Alkohol gewinnen und füllt danach in Flaschen ab.

Bei Ansatzschnäpsen, in denen noch Früchte vorhanden sind, können Sie diese als hervorragendes Dessert verwenden. Achten Sie jedoch bitte darauf, dass diese Früchte neben sehr viel Aroma auch noch Alkohol enthalten und daher für Kinder nicht geeignet sind.

Beigaben (Ingredienzien)

Früchte und Säfte

Frische Früchte verfügen über das größte Aroma. Es können aber auch gefrorene Früchte verwendet werden, doch ist bei der Auswahl darauf zu achten, dass sie starke Aromen aufweisen und nicht zu wässrig sind. Melonen, gezüchtete Erdbeeren oder Kiwis schmecken angesetzt eher nach nichts. Getrocknete Früchte sollen nur verwendet werden, wenn wirklich der Geschmack der getrockneten Frucht erwünscht ist, da dieser sich zum Teil erheblich vom ursprünglichen Geschmack unterscheidet. Faule Früchte sollten auf jeden Fall ausgesondert werden, da ansonsten das gesamte Produkt verdorben und nicht mehr zu retten ist.

Für die Verwendung von Früchten gilt der Grundsatz, dass nur ausgesuchtes, vollreifes Obst verwendet werden darf. Soll das Produkt getrocknet werden, muss dies fach- und sachgerecht geschehen und dementsprechend gelagert werden.

Empfehlenswerte Früchte

Ananas
Reich an antioxidantisch wirksamem Vitamin C, Bromelain (eiweißspaltendes Enzym), Kalium und Beta-Karotin

Apfel

Reich an Beta-Karotin, Folsäure, Vitamin C, Kalzium, Magnesium, Phosphor, Kalium und Pektin sowie an Kupfer, Zink und Vitaminen

Birne

Reich an Kalium, Beta-Karotin und Vitamin C

Brombeere

Reich an Beta-Karotin, Vitamin C und E, Kalzium, Magnesium, Phosphor, Kalium und Natrium

Erdbeere

Reich an Vitamin C, Kalium, Kalzium, Magnesium, Phosphor

Kirsche

Reich an Beta-Karotin, Vitamin C, Folsäure, Kalzium, Magnesium, Phosphor, Kalium und Flavonoiden (wasserlösliche Pflanzenfärbemittel)

Marille (Aprikose)

Reich an Beta-Karotin, Vitamin C, Papain (eiweißspaltendes Enzym), Kalzium, Magnesium, Phosphor, Kalium, Flavonoiden sowie an Vitaminen der B-Gruppe, Eisen und Zink

Orange

Reich an Vitamin C, Kalium, Karotin und Lutein (Pflanzenfärbstoff)

Pfirsich

Reich an antioxidantisch wirksamen Karotinen, Flavonoiden und Vitamin C

Preiselbeere

Reich an Vitamin C, Kalium, Karotin, Ballaststoffen

Schwarze Johannisbeere

Reich an Beta-Karotin, Vitamin C und E, Kalzium, Magnesium, Phosphor, Kalium sowie Vitaminen der B-Gruppe, Kupfer und Eisen

Traube

Reich an Glukose, Fruktose, Kalium, Vitamin C und Karotin

Zitrone

Reich an Vitamin C, Kalium, Kalzium und Fruktose

Zwetschke

Reich an Ballaststoffen, Kalium, Eisen, Kalzium und Beta-Karotin

Fruchtsäfte

Eine sehr einfache Ansatzbereitung ist dann gegeben, wenn man dazu Fruchtsäfte verwendet. Dafür eignen sich sowohl frisch ausgepresste als auch durch Pasteurisieren haltbar gemachte oder durch Dampfentsaften gewonnene Fruchtsäfte. Sie müssen jedoch entpektiniert werden, weil sonst Trübungen entstehen, die sich auch durch Filtrieren nicht vermeiden lassen. Erst nach einigen Wochen setzt sich ein bemerkbarer Bodensatz ab, den man vermeiden will.

Die Beigabe von Zucker geschieht nach individuellen Bedürfnissen. Ungeachtet dessen lässt man die Flüssigkeit im entsprechenden Gefäß einige Tage verschlossen stehen und filtert danach in die gewünschten Flaschen.

Kräuter

Seit vielen Jahrhunderten wirken Wild- und Gartenkräuter wahre Wunder. Mündliche Überlieferungen und Aufzeichnungen von Kräuterfrauen und anderen Kräuterkundigen wurden herangezogen, um für das Ansetzen der Schnäpse optimale Bedingungen zu schaffen. Wie eh und je liefert auch heute noch die Natur die besten Ideen für harmonische Ansätze.

Frische Kräuter können selbst gezüchtet werden oder man besorgt sich frische Produkte vom Bauernmarkt.

Es gibt aber auch fertige Kräutermischungen, die tiefgekühlt wurden, aber verwendbar sind. Kräuter können nach Abfiltern des ersten Ansatzes ein zweites Mal verwendet werden, aber nicht länger, da sich sonst unerwünschte Aromen einfinden.

Es empfiehlt sich, eine so genannte Kräuterspirale anzulegen, in der man in Spiralform von innen nach außen folgende Kräuter auf kleiner Fläche anbauen kann: Thymian, Majoran, Lavendel, Kümmel, Zitronenthymian, Salbei, Basilikum, Zitronenmelisse, Kamille, Bohnenkraut, Estragon, Anisminze, Ringelblume, Ysop, Petersilie, Dill, Wermut, Liebstöckel, Mariendistel, Gewürzfenchel, Ingwerminze und Ähnliches.

Der Praxis Tipp

Wurzeln und Kräuter, aber auch Samen kann man durchaus länger ungesiebt im Ansatz belassen und jene Menge abziehen, die man gerade benötigt. Die entnommene Menge kann mehrfach mit neutralem Weingeist wieder aufgefüllt werden.

Empfehlenswerte Kräuter

Kräuterschnäpse und -liköre sind nicht nur ein Erlebnis für Genießer und ein wunderbarer Abschluss eines guten Essens, sie können auch gesundheitsfördernd wirken. Im Folgenden werden Beispiele für Wirkungen von Ansatz-Kräutern angeführt.

Basilikum

Magenstärkend, gegen Blähungen, Erkältungen und Blasenleiden

Dill oder Gurkenkraut

Wassertreibend

Johanniskraut

Johanniskraut sollte am besten spätestens bis Ende Mai ausgesät werden. Es wächst im Kräutergarten sehr gut. Als Heilmittel ist es bei blutenden Wunden zu verwenden. Man zerreibt die Blätter und Blüten, bis eine rote Flüssigkeit austritt. Die Duke University in North Carolina (USA) hat jedoch nachgewiesen, dass Johanniskraut gegen Depressionen nicht wirksam ist. Außerdem sei zu beachten, dass es die Wirkung anderer Medikamente stören oder aufheben kann. Man sollte daher vor der Anwendung ärztliche Beratung in Anspruch nehmen.

Majoran

Nerven- und magenschonend

Oregano

Hustenmittel sowie bei Appetitlosigkeit und Verdauungsschwäche

Petersilie

Harntreibend und hilfreich bei Frauenleiden, Migräne und Husten

Rosmarin

Nervenstärkend und belebend

Salbei

Heilt Entzündungen, beeinflusst die Magen- und Darmtätigkeit günstig

Thymian

Schleimlösend und hustenstillend

Zitronenmelisse

Krampflösend, magenstärkend, beruhigend, schlaffördernd

Gewürze und Samen

Durch die Vielfalt des heutigen Angebotes können Sie die Ingredienzien für die Ansätze auf den Märkten (speziell Bauernmärkten), in Lebensmittelläden und die Gewürze, Kräuter etc. auch in Apotheken und Reformhäusern erwerben. Es gibt jedoch nichts Schöneres, als die Beigaben entweder selbst anzubauen oder selbst zu sammeln. Jeder Sammler sollte dabei besonders erprobte Grundsätze einhalten.

Bei manchen Gewächsen ist streng auf die gesetzlichen Vorschriften und auf die gesundheitliche Tauglichkeit zu achten.

Eine Grundregel ist, dass jedes Gewächs zu einem bestimmten Zeitpunkt im Jahr, manchmal sogar zu einer bestimmten Tageszeit, die größte Menge an Inhalts- und Wirkstoffen hat, was den Sammelzeitpunkt bestimmt.

Nicht nur der Reifegrad eines Gewächses ist wichtig, sondern auch der Standort und die in jedem Jahr wechselnden Wetterverhältnisse. Viele schwören sogar auf den Mondstand.

Generell hängt das Sammeln von Erfahrungen ab, die man sich durch Beratung, Übung und Lektüre aneignen sollte.

Es gibt einige Grundregeln, die man auf jeden Fall beachten muss.

Blüten und Blätter sammelt man am besten an warmen, trockenen Tagen, an denen die Sonne bereits die Taunässe der Nacht getrocknet hat.

Für das Sammeln von Blüten empfiehlt sich die Morgenzeit, da hier der Duft noch am besten eingebunden ist. Dies gilt nicht nur für Rosen, sondern auch für Veilchen und andere. Das spätere Aroma des Ansatzlikörs dankt es Ihnen, dass Sie früh aufgestanden sind.

Bitte bedenken Sie auch, dass es nötig ist, eine gewisse Menge zu sammeln, was auch eine Ausdauer voraussetzt.

Die größte Wirksamkeit erreichen die Samen knapp vor der Reife, die Früchte jedoch, wenn sie reif sind.

Rinden und Wurzeln

Die beste Sammelzeit für Rinde ist im Frühjahr. In dieser Zeit kann man auch Wurzeln sammeln. Sollte man dies übersehen haben, ist die nächste Sammelzeit für Wurzeln der Herbst.

Beim Pflücken und Sammeln sollte man möglichst schonend vorgehen und versuchen, die Pflanzen nicht zu beschädigen. Dies geschieht durch zartes Anfassen, wobei man die Wurzeln nicht mit herausreißen oder verletzen sollte.

Naturliebhaber weisen immer wieder darauf hin, dass man nur solche Mengen ernten sollte, die eine weitere Vermehrung der Pflanzen zulassen, bzw. dort sammeln sollte, wo genügend Pflanzen vorkommen, um sie nicht auszurotten. Pflanzen, die unter Naturschutz stehen, sind von Gesetzes wegen vom Sammeln ausgeschlossen, jedoch wird der Naturfreund auch gefährdete Pflanzen eher nicht nehmen, sondern diese in Apotheken und Reformhäusern kaufen.

Wichtig ist auch, zu beachten, dass ein gutes Ergebnis der Sammeltätigkeit nur bei sauberen, gesunden und trockenen Pflanzen und Früchten gewährleistet ist.

Wenn man die Pflanze nicht genau kennt, sollte man besser vom Sammeln und Pflücken Abstand nehmen bzw. Kundige beiziehen, die die Pflanze genau bestimmen können.

Hilfswerkzeuge beim Sammeln von Blüten, Blättern sowie Triebspitzen können schonend eingesetzt werden, wobei oft ein gut geschliffenes Messer oder eine Schere genügen.

Zum Transport des Sammelgutes sind Plastiktüten ungeeignet. Am besten eignen sich geflochtene Körbe, wobei jedoch das Sammelgut nicht zu dicht geschlichtet werden sollte, vor allem jedoch nicht zusammengepresst. Auch ein Rucksack und Leinen- oder Stofftaschen tun gute Dienste.

Der Praxis Tipp

Es wird abgeraten, neben stark frequentierten Straßen oder an Rändern von Äckern und Wiesen zu sammeln, von denen man weiß, dass sie chemisch behandelt wurden (gespritzt oder gedüngt). Auch Gebiete mit Umweltbelastungen sind zu vermeiden.

Trocknen und Einfrieren

Grundsätzlich muss man davon ausgehen, dass Blätter, Blüten, Wurzeln, Knollen, Beeren, Samen, Früchte, Zapfen etc. anders getrocknet und anders aufbewahrt werden müssen.

Das Trocknen wird unmittelbar nach dem Sammeln durchgeführt, damit die Wirkstoffe möglichst lange in der Pflanze erhalten bleiben. Wichtig ist es, Schimmelbildung zu verhindern, was an gut gelüfteten Orten, die nicht der Sonne ausgesetzt sind, erfolgen kann.

Zur Lagerung kann man die getrockneten Pflanzen auch zu Sträußen zusammenbinden und mit den Stielen nach oben der Wand entlang aufhängen, allerdings so, dass sie mit der Wand nicht in Berührung kommen. Das Zerkleinern der Kräuter sollte nur in jener Menge erfolgen, die man unmittelbar danach braucht, da die Wirkstoffe aus den zerkleinerten Mengen rascher entweichen.

Erdige Wurzeln und Knollen werden vor dem Trocknen sorgfältig gewaschen und wenn notwendig mit weichen Bürsten gebürstet, danach in kleinere Teile zerschnitten, entweder luftgetrocknet – ein idealer Platz zum Trocknen ist der Dachboden – oder auch im Elektroherd bei einer Temperatur von rund 30 bis 40 °C.

Blätter, Blüten und Kräuter sollte man an einem luftigen, schattigen Ort trocknen, wobei es genügt, diese auf einem Leinentuch, das über einen Holzrahmen gespannt ist, aufzulegen, sodass die Luft zirkulieren kann.

Direkte Sonneneinstrahlung ist zu vermeiden. Die Blätter befreien Sie von den groben Stängeln, zerschneiden diese aber nicht. Die Wurzeln können geschnitten werden.

Werden Früchte oder Knollen getrocknet, darf nach dem Trocknungsvorgang kein Saft mehr austreten, wenn man diese andrückt.

Sieht man der Oberseite der aufgebreiteten Kräuter die Trockenheit an, sollen sie gewendet werden. Sind die Kräuter völlig durchgetrocknet, kann man an dem Rascheln, während man sie zwischen den Fingern reibt, erkennen, dass die Trocknung abgeschlossen ist.

Zum Aufbewahren des Trockengutes bewähren sich trockene, säuberlich gereinigte Dosen oder dunkle Gläser, die man auch gut verschließen kann, oder einfache Leinenkissen, bei größeren Mengen kann durchaus auch ein Kopfkissenbezug verwendet werden.

Sollte man das Sammelgut nicht an seinem Geruch wieder erkennen, empfiehlt es sich, auf den Säckchen ein Schild mit dem Namen des Inhalts anzubringen.

Das Konservieren durch Einfrieren hat sich immer mehr durchgesetzt und ist eine sehr angenehme und schonende Methode. Es eignet sich aber nicht alles zum Einfrieren, man muss von Fall zu Fall entscheiden. Das Einfrieren erhält das Aroma besser als andere Konservierungsmethoden.

Wird Beerensaft eingefroren, so sollte man die Mengen portionieren, weil die aufgetaute Übermenge, die nicht rasch verbraucht wird, schnell verdirbt.

Kräuter, die sich gut zum Trocknen eignen

Beifuß, Bohnenkraut, Dill, Eberraute, Fenchel, Lavendel, Liebstöckl, Majoran, Minze, Oregano, Quendel, Ringelblume, Rosmarin, Salbei, Thymian, Weinraute, Wermut, Ysop

Kräuter, die sich nicht zum Trocknen eignen

Basilikum, Borretsch, Brunnenkresse, Estragon, Kapuzinerkresse, Kerbel, Melisse (Zitronenmelisse), Petersilie, Pimpinelle, Sauerampfer, Schnittlauch und Schnittknoblauch

Der Praxis Tipp

Richtiges Trocknen: Je früher der Trockenvorgang beginnt, umso besser, weil sich sonst die Wirk- und Aromastoffe verflüchtigen.

Die gut getrockneten Kräuter sollte man von ihren Stängeln befreien und möglichst luftdicht verschlossen dunkel lagern.

Kräuter, die sich gut zum Einfrieren eignen

Basilikum, Beifuß, Bohnenkraut, Borretsch, Dill, Eberraute, Estragon, Fenchel, Kerbel, Lavendel, Liebstöckl, Majoran, Melisse (Zitronenmelisse), Minze, Oregano, Petersilie, Pimpinelle, Quendel, Rosmarin, Salbei, Schnittlauch und Schnittknoblauch, Thymian, Weinraute, Wermut, Ysop

Kräuter, die sich nicht zum Einfrieren eignen

Brunnenkresse, Kapuzinerkresse, Ringelblume, Sauerampfer

Der Praxis Tipp

Richtiges Einfrieren: Vor dem Einfrieren sollte man die Kräuter kurz waschen und durch leichtes Anpressen von saugfähigen Leinentüchern trocknen. Danach können die Kräuter und Stiele eingefroren werden.

Schnäpse, Brände, Geiste und Destillate

Für die Herstellung von Ansätzen kann grundsätzlich jeder Alkohol verwendet werden, doch ist auf die Qualität zu achten. Für die einzelnen Beigaben (Säfte, Gewürze, Samen, Früchte, Kräuter etc.) eignen sich jedoch die im Rezeptteil beschriebenen Alkoholika besser als andere.

Nachfolgend werden die besonderen Eigenschaften und Wirksamkeiten der einzelnen Alkoholarten dargestellt:

Reiner Alkohol

Der reine Alkohol wird auch Ethylalkohol genannt und hat 95 bis 96 %. Er führt auch die Bezeichnungen Trinkbranntwein, Weingeist, Feinsprit oder Ethanol.

Erhältlich ist dieser Alkohol (in geringen Mengen) in Apotheken und Drogerien. Dort wird er unter anderem auch Sprit, Primasprit, Feinsprit genannt, wobei Primasprit die eher gewöhnlichere Form des Weingeistes ist, während feine Liköre mit Feinsprit angesetzt werden sollten – einem Sprit, der mehrfach über Holzkohle gefiltert wurde.

Nicht für den Genuss geeignet sind Methyl-, Putyl- und Benzylalkohol. Bitte achten Sie sorgfältig darauf, den richtigen Alkohol einzukaufen. Methylalkohol ist stark gesundheitsschädlich, führt zu Erblindung, bleibenden Gehirnschäden und kann sogar tödlich sein.

Ethylalkohol entsteht bei der Gärung eines Fruchtsaftes (Maische oder Most), wobei der darin enthaltene Fruchtzucker durch Hefepilze in Ethylalkohol und Kohlendioxid umgesetzt wird (Kohlendioxid entweicht gasförmig).

Obstspirituosen

Auf Grund gesetzlicher Bestimmungen unterscheidet man Branntweine aus Steinobst und aus Beeren, auch Obstwasser genannt, aus zuckerarmen Früchten, auch Obstgeiste genannt, und Kernobstbranntweine, das sind Spirituosen, die ausschließlich aus Kernobst hergestellt werden. Brände aus Äpfeln oder Birnen kann man ebenfalls als Obstwasser (oder Obstler) bezeichnen.

Obstbranntweine haben einen starken Eigengeschmack, was man bei der Herstellung von Ansatzschnäpsen besonders berücksichtigen sollte.

Brand

Brand ist eine Spirituose, die durch Destillieren einer vergorenen Maische aus Obst, Getreide oder Wurzeln gewonnen wird.

Ob ein Brand mit einem, zwei oder gar drei Destillationsschritten gewonnen wird, hängt von der Art des Brenngerätes ab. Sonst ist die Wahl zwischen einmal brennen mit einer Kolonne (Verstärkung- und Kühleinrichtung) oder zweimal brennen ohne Kolonne mehr eine Glaubens- als Sachfrage, soweit es die Qualität der Brände betrifft.

Geist

Der alte Begriff Geist bezeichnet eine Spirituose, die aus Alkohol landwirtschaftlichen Ursprungs mit darin eingelegten, aromagebenden Beeren, Wurzeln oder Kräutern destilliert wird. Ein solches Produkt aus Alkohol und Beeren kann auch als Beerenbrand bezeichnet werden, was der obigen Definition von Brand widerspricht. Werden Beeren, Wildfrüchte

oder Wurzeln aber eingemaischt, vergoren und gebrannt, sollte die Bezeichnung „Brand" mit einer Bemerkung wie „aus vergorener Maische gebrannt" oder „100 %-Destillat" ergänzt werden.

Zu Geist verarbeitet werden meist aromareiche, aber zuckerarme Rohmaterialien. Gegenüber einem Brand aus vergorener Maische ist Geist wesentlich billiger zu produzieren. Geiste aus Beeren sind im Geruch oft frischer und fruchttypischer als echte Brände. Geiste sind aber im Geschmack aromaschwach und alkoholisch, während Brände vollaromatisch, würzig und im Abgang lang anhaltend sind.

Geschmacksessenzen

Käufliche Geschmacksessenzen sollte man vermeiden. Beispielsweise kommen Produkte der Sorte Himbeere oder Marille (Aprikose) auf den Markt, die jedoch – trotzdem sie intensiv riechen – keine Verwendung finden sollten.

Gin

Gin ist ein mit Wacholder aromatisierter wasserklarer Kornbrand. Er wird in den Niederlanden, Norddeutschland und Nordfrankreich auch unter der Bezeichnung Genever produziert, gilt jedoch als typisch britisches Getränk und zählt in England zu den meistgetrunkenen Spirituosen.Neben Wacholderbeeren, die das Grundaroma liefern, werden meist noch zahlreiche andere Gewürze, Kräuter und Früchte zur Verfeinerung verwendet.

Für unseren Bedarf nehmen wir Dry-Gin, der sich von der leicht gesüßten Variante ein wenig abhebt, wenngleich bei den verschiedenen „Gins" ein recht ähnliches Aroma vorherrscht.

Wodka

Übersetzt heißt Wodka Wässerchen und ist eine reine, unverfälschte Spirituose. In Russland ist es Nationalgetränk, wird aber auch in anderen Ländern produziert. Dass der Wodka nach wenig schmeckt, gelingt dadurch, dass die Spirituose mehrfach gebrannt und anschließend noch mit Aktivkohle gefiltert wird. Er ist zum überwiegenden Teil ein Kornbrand und wird nur sehr selten aus Kartoffeln destilliert (meist bei Schwarzbrennern auf Bauernhöfen). Die Alkoholausbeute ist beim Weizen weitaus höher, dieser liefert meist reinere und mildere Destillate, auf die es ja beim Wodka ankommt. Der Alkoholgehalt von Wodka liegt bei 40 bis 45 %. Er ist bei der Herstellung von Ansatzschnäpsen besonders vielseitig verwendbar.

Whisk(e)y

In Amerika und Kanada wird überwiegend der aus Roggen bestehende schwere Rye-Whiskey gebrannt, während der leichte Canadian-Whiskey zu 51 % aus Roggen besteht. Deutscher Whiskey hat den leicht rauchigen Geschmack des Blended-Scotch-Whisky. Der Alkoholgehalt von Whisk(e)y liegt in der Regel bei 40 %.

Eine mehrjährige Lagerung in Eichenfässern im Anschluss an die Erzeugung ergibt das runde Aroma. In Schottland gilt als Besonderheit der Malt-Whisky, er wird aus über Torffeuer getrockneter Gerste, die vorher gemälzt wurde, hergestellt und hat einen typisch rauchigen Geschmack.

Der Scotch ist ein Blended-Whisky, für den verschiedene Getreidesorten verwendet werden. Er ist daher auch harmonischer im Aroma.

Die amerikanischen Whiskeys erhält man unter dem Namen Bourbon. Sie werden aus mindestens 51 % Mais gebrannt und sind milder als die schottischen Varianten. Man kann auch einen leicht vanillig-karamelligen Duft erschmecken.

Zur Schreibweise: Der Scotch wird ohne „e" geschrieben – die Produkte aus anderer Herkunft schreiben sich „Whiskey".

Korn

Das Ausgangsmaterial für Kornbrände sind zum überwiegenden Teil Weizen und Roggen, jedoch wird diese wohl „deutscheste" Spirituose auch aus einer Vielfalt von Getreidesorten wie Hafer, Buchweizen oder Gerste gebrannt. Diese Brände haben kaum einen Eigengeschmack und können für Frucht-, Beeren- und Gewürzansätze verwendet werden. Der einfache Korn muss einen Mindestalkoholgehalt von 32 % aufweisen, der Doppelkorn (Edelkorn) ein Minimum von 38 %. Die auf Weizenbasis destillierten Produkte sind im Allgemeinen milder, jene aus Roggen gebrannten würziger und kräftiger im Aroma.

Nicht verwechselt werden sollte der Korn mit dem „Klaren", einer einfachen, weitgehend geschmacklosen Spirituose aus beliebigen Rohstoffen.

Rum

Der Zuckerrohrschnaps aus Jamaika wurde noch im 17. Jahrhundert „Teufelstod" genannt – ein scharfes Getränk, das bei den britischen und französischen Seeleuten sehr beliebt war.

Auch heute gibt es kaum eine Insel in der Karibik, in der nicht eigenständige Rumspezialitäten destilliert werden. Rum zählt zu den meistgetrunkenen Spirituosen der Welt, jedoch eignen sich für Ansatzschnäpse nur einige wenige exklusive Marken, für die frisches Zuckerrohr verwendet wird, während der einfache Rum aus Melasse (ein Abfallprodukt der Zuckerherstellung) gebrannt wird. Sofort abgefüllter Rum wird als weißer Rum verkauft, die braune Variante reift einige Zeit in Holzfässern, die ihm auch das typische, leicht karamellige Aroma geben.

Auch beim Rum ist die weitere Behandlung des Urproduktes wichtig. So werden z. B. spezielle Hefen beigegeben. Die Dauer der Lagerung von sechs Monaten aufwärts bis zu mehreren Jahren beeinflusst ebenfalls den Charakter.

Cognac, Weinbrand, Brandy, Armagnac

Nur wenige wissen, dass der junge Rohbrand von Cognac und Brandy eine wasserklare Flüssigkeit ist, die anfangs nach wenig schmeckt und ihre Farbe und ihren einzigartigen Charakter nur durch die Lagerung in den Fässern erhält.

Mit zunehmender Reifung entwickeln Weinbrände, insbesondere aber Cognacs, ihre duftmäßig und geschmacklich ausdrucksvollsten Nuancen.

Zu den berühmtesten Weinbränden gehören die Cognacs, die aus Frankreich stammen, bzw. die Brandys aus dem englischen Bereich, aber auch jene aus Spanien. Die Destillationsverfahren für diese Produkte sind vom Herstellungsprozess bis zur Fassreife in genauen gesetzlichen Bestimmungen geregelt.

Der Cognac wird, mit wenigen Ausnahmen, aus einer Mischung verschiedener Destillate hergestellt. Um ihn genau zu definieren, ist es wichtig, die Angaben auf den Etiketten erklären zu können, die Rückschlüsse auf Alter und Qualität geben. Der Mindestalkoholgehalt beträgt 40 %.

Der Armagnac ist der älteste Weinbrand Frankreichs und wird in der Region Armagnac im Südwesten des Landes ausschließlich aus weißen Trauben hergestellt. Er wird auch mit Jahrgangs- oder Altersangabe angeboten und hat einen Mindestalkoholgehalt von 40 %.

Weinbrand wird, wie schon der Name sagt, aus dem Wein der Weintrauben gewonnen. Er ist meist mild im Geschmack, in seiner Konsistenz eher weicher und zum Ansetzen für duftigere Beeren und Früchte besonders beliebt.

Calvados

Der Calvados wird in einer engumgrenzten Region in der Normandie hergestellt. Er ist ein Apfelbrand, der nicht direkt aus den Früchten, sondern aus dem zuvor gewonnenen Apfelwein (Cidre) destilliert wird. Er hat eine jahrhundertealte Geschichte, wurde jedoch erst so richtig im 20. Jahrhundert außerhalb der Ursprungsregion bekannt. Seine Reifezeit bewirkt verschiedene Geschmacksaromen. In der Jugend schmeckt er intensiver nach Äpfeln, während er bei längerer Lagerung milder wird.

Verdünnen mit Wasser

Das beste (und billigste) Verdünnungsmittel ist das Wasser. Können Sie nicht auf destilliertes Wasser zurückgreifen und müssen Sie Leitungswasser verwenden, wird empfohlen, dieses vorher abzukochen und danach mit einem sehr feinen Tuch zu filtern.

Bei der Verwendung von Leitungswasser kann es zu Trübungen kommen, die allerdings den Geschmack nicht beeinträchtigen und sich meist nach etwa vier Wochen absetzen und ausgefiltert werden können.

Von stark nitriertem und chlor- oder kalkhaltigem Leitungswasser ist abzuraten, da der Geschmack darunter sehr leidet.

Für die im privaten Haushalt durchgeführte Ansatzlikörbereitung wird eine exakte Alkoholberechnung sehr schwierig sein. Man kann jedoch Annäherungswerte erreichen, die zur Beurteilung des Getränkes zweifelsohne sehr nützlich sind.

Weiß man etwa den Alkoholgehalt, kann man diesen durch Beimengung von Weingeist oder Beimengung von destilliertem oder enthärtetem Wasser nach oben oder unten verändern.

Wichtig ist, dass der Alkoholgehalt nicht zu niedrig eingestellt ist (unter 20 %), da ansonsten die Haltbarkeit des Getränkes leidet.

Grappa

Grappa ist ein italienischer Tresterbrand (unter Trester versteht man die Pressrückstände bei der Weinerzeugung). Bei der Produktion werden die Trebern meist mit lauwarmem Wasser übergossen, dann wird abgewartet, bis die Fermentation des Gemisches abgeschlossen ist. Danach schreitet man zur Destillation. Grappa wird für Ansätze nur zu einem kleinen Teil verwendet, ist jedoch für Spezialisten ein Geheimtipp.

ALKOHOL-MESSUNG UND -BESTIMMUNG

Berechnungsbeispiel 1

Sie verwenden einen Kornschnaps mit 40 % und möchten einen fertigen „Ansatz" mit etwa 30 % Alkohol erhalten.

Dividieren Sie den gewünschten Wert 30 durch den vorhandenen von 40, das ergibt 0,75. Mit 100 multipliziert bedeutet dies, dass Sie 750 ml Alkohol mit 40 % benötigen und 250 ml Fruchtsaft. Verwenden Sie die Früchte im Ganzen, so ist deren Fruchtsaftausbeute zu schätzen und entsprechend mehr Früchte in den Ansatz hineinzugeben, um einen Liter Ansatzlikör zu erhalten. Sollten Sie Zucker beigeben, ist zu kalkulieren, dass 100 g Zucker ca. 60 g Volumen ergeben, d. h. wenn Sie zu den 750 mg Alkohol 100 g Zucker geben, ergibt dies zusammen ein Volumen von 810 ml und Sie können daher, um einen Liter Ansatzlikör zu erhalten, nur mehr einen Fruchtsaftanteil von 190 ml dazugeben oder die entsprechend höhere Menge an safthaltigen ganzen Früchten.

Verwenden Sie reinen Weingeist (96 %), entsprechen … (Angaben auf nächster Seite)

100 ml Weingeist – 160 ml Branntwein mit 60 %
100 ml Weingeist – 175 ml Branntwein mit 55 %
100 ml Weingeist – 190 ml Branntwein mit 50 %
100 ml Weingeist – 215 ml Branntwein mit 45 %
100 ml Weingeist – 240 ml Branntwein mit 40 %

Berechnungsbeispiel 2

Sie wollen wissen, welchen Alkoholgehalt Ihr Ansatz hat, wenn Sie 300 ml Fruchtsaft und 700 ml Branntwein mit 40 % verwenden. Multiplizieren Sie die 700 ml mit 40, ergibt das 28 000, diese Zahl dividieren Sie durch 1 000 und Sie erhalten damit den Prozentanteil, das sind in dem Fall 28 %.

Wissenswert ist noch, dass der reine Alkohol spezifisch leichter ist als Wasser. Ein Liter reiner Alkohol wiegt ein bisschen weniger als 800 g, während ein Liter Wasser ein Kilogramm wiegt. Dies bedeutet umgekehrt, dass ein Kilogramm reiner Alkohol 1,26 Liter ergibt.

Berechnungsbeispiel 3

Da man die Menge eines Alkohols nicht in Gewichtsprozenten, sondern in Volumenprozenten angibt, hat z. B. ein 43%iger Kornbrand zwar 43 Volumenprozente reinen Alkohol, was aber nur ungefähr 37,5 Gewichtsprozenten entspricht.

Anstatt von hochprozentigem Trinkalkohol wie Wodka, Korn oder weißem Rum kann man auch Weingeist nehmen und diesen mit destilliertem Wasser vermischen. Bei einem Mischungsverhältnis von 1 : 1 ergibt das ein geschmackloses Alkohol-Wasser-Gemisch mit rund 48 %. Man sollte jedoch immer wieder berücksichtigen, dass die beigemengten Früchte oder Säfte selbst einen mehr oder minder hohen Wassergehalt haben, dementsprechend wird das Produkt einen unterschiedlichen Endalkohol aufweisen.

Der Praxis Tipp

Die Kanister, in denen destilliertes Wasser erworben wird, können auch zum Ansetzen von Likören verwendet werden.

Eine einfache Methode, die Alkoholgrade zu bestimmen, ist die Messung mit dem „Vinometer". Man geht dabei wie folgt vor: Das Vinometer wird mit der Flüssigkeit gefüllt, wobei die Temperatur der zu messenden Flüssigkeit ca. 20 °C betragen sollte. Danach wartet man, bis es aus dem Kapillarende zu tropfen beginnt.

Achten sollte man vor allem darauf, dass die Flüssigkeit innen blasenfrei ist.

Danach wird das mit dem Finger verschlossene Kapillarende um 180 °C gedreht und der Finger vom Kapillarende weggegeben. Die Flüssigkeit sinkt nach unten und nach dem Stillstand kann man auf der Skala die Prozente ablesen. Zu beachten ist noch, dass die zu messende Flüssigkeit keinen Zucker enthalten sollte, weil die Zuckerbeimengung das Ergebnis verfälscht.

Wesentlich ist auch, dass die zu messende Flüssigkeit vorher gut filtriert worden ist, damit die Messkapillare nicht verstopft werden.

Eine weitere Möglichkeit, den Alkohol zu messen, ist die Messung mit einer Alkoholspindel.

Hier dürfen jedoch nur Produkte verwendet werden, die keinen Zucker aufweisen und die eine Temperatur von 20 °C haben. Die Flüssigkeit wird in einem Messzylinder eingebracht und die Alkoholspindel darin versenkt. Sie darf die Glaswand nicht berühren. Man kann das Ergebnis auf der auf der Messspindel angebrachten Skala ablesen.

Der Praxis Tipp

Auf den Spirituosenflaschen werden Sie die Angabe des Alkohols immer in Volumenprozenten vorfinden. Diese Angaben sollten auch auf den Etiketten und sonstigen Deklarationen angebracht werden.

Berechnungsbeispiel 4

Für ganz Gewissenhafte gilt folgende Verdünnungsformel:

$$M \times \left(\frac{A - B}{B}\right) = C$$

A bedeutet die ursprünglichen Alkoholprozente
B bedeutet die gewünschten Alkoholprozente
M bedeutet die ursprünglichen Liter an zu verdünnendem Alkohol
C ist das Ergebnis

Berechnungsbeispiel 5

Wollen Sie zwei Liter eines 96%igen Weingeistes auf 42 % absenken, ergibt dies folgende Rechnung für das danach beizufügende destillierte Wasser:

M (2 Liter) mal A (96 %) – B (42 %) durch B = 42 % ergibt 2,57 Liter

Grob gesprochen, müssen Sie den zwei Litern Weingeist 1,3 Liter destilliertes Wasser zusetzen und Sie erhalten daraus insgesamt 3,3 Liter Flüssigkeit mit 42 %.

Der Unterschied zwischen dem Wasser und dem Alkohol ist jener, dass der Alkohol ein geringeres spezifisches Gewicht als das Wasser hat. Eine z. B. 40-volumenprozentige Spirituose hat daher nur 334 g reinen Alkohol, der jedoch in der Flüssigkeit einen Raum von 400 cm^3 = 40 % (40 Volumenprozente) beansprucht. Dies sollte man beim Kauf von Spirituosen wissen.

RATIONELLE ARBEITS-SCHRITTE

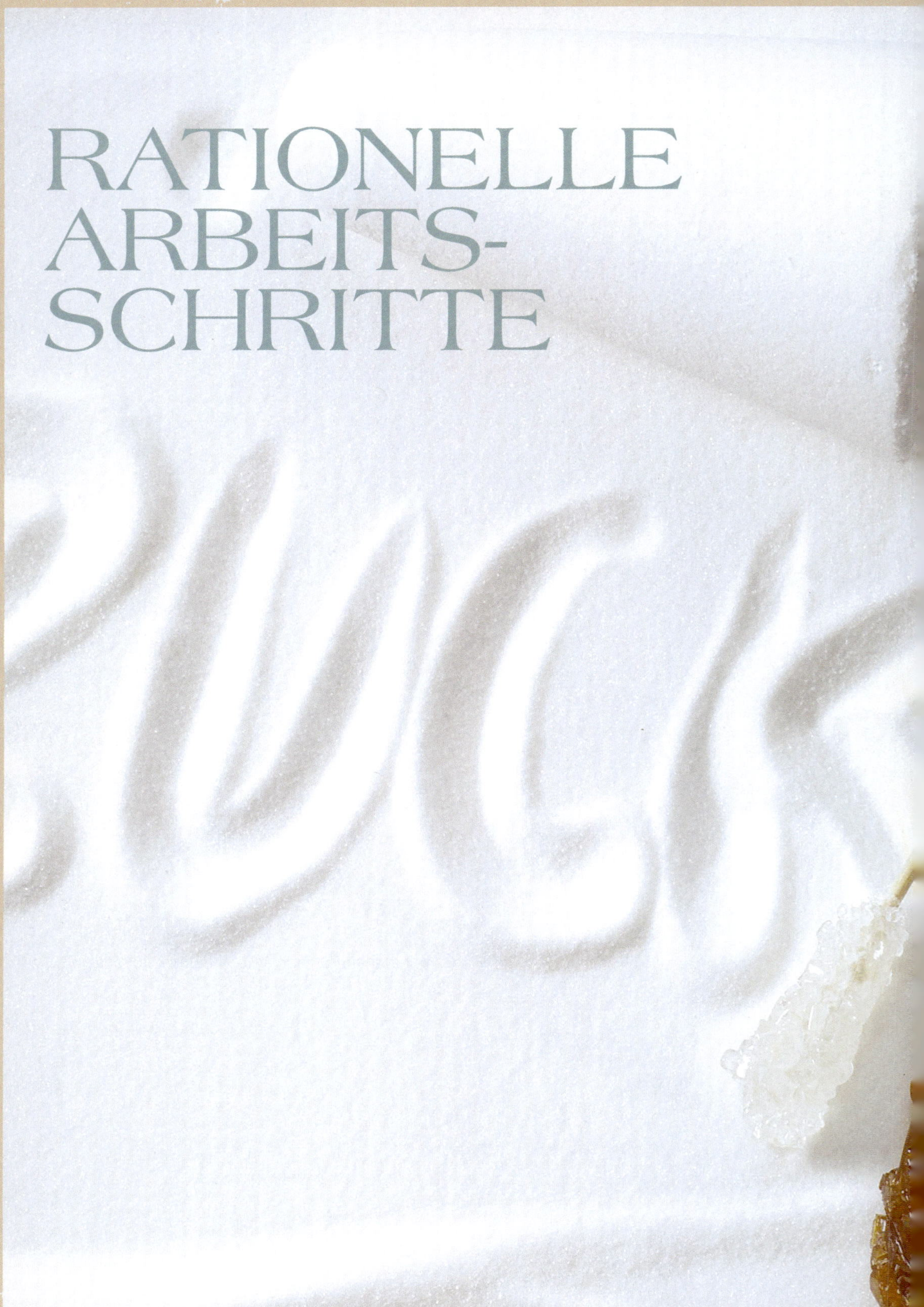

Bevor man mit der Zubereitung von Ansatzschnäpsen und Likören beginnt, sollte man Folgendes beachten:

Checkliste anlegen

Als erster Punkt einer Checkliste sollte überprüft werden, ob alle notwendigen Geräte vorhanden sind. Danach ist darauf zu achten, dass sich diese auch in einem sauberen Zustand befinden. Weiters ist es wichtig, alle Beigaben aufzubereiten, allenfalls verschmutzte Früchte etc. säuberlich zu waschen und zu putzen.

Danach sind die Ansatzgefäße zu überprüfen und die Beigaben so zu zerkleinern, dass sie durch die Flaschenhälse leicht eingebracht werden können. In weiterer Folge ist der Alkohol für den Ansatz bereitzustellen. Man sollte sich auch überlegen, ob von den Ausgangsmaterialien genügend vorhanden ist bzw. ob der vorbereitete Alkohol zu den Ansatzbeigaben passt.

Süßstoffe bestimmen

Bei Likören und für „Zuckermäulchen" unter den Ansatzschnapstrinkern ist die Frage zu beachten, welche Süßstoffe man beimengt. Man muss die vorgesehene Menge an Zucker oder Ähnlichem bereits am Anfang berücksichtigen. Es ist auch zu bedenken, dass jede Zucker- oder Honigsorte den Ansatzlikör aromamäßig verändert.

Es ist wichtig, dass man sich für die Arbeit keinem Zeitdruck aussetzt, sondern die Arbeiten am Feierabend oder am Wochenende einplant, wo keine weiteren Termine vorgesehen sind (schließlich sollte man an der Arbeit nicht nur den Erfolg sehen, sondern daran Freude haben).

Der Praxis Tipp

Legen Sie sich ein Heft oder einen Notizblock am Rande des Arbeitsplatzes zusammen mit einem Bleistift zurecht. Es werden Ihnen immer wieder nützliche Gedanken kommen, die man zu Papier bringen sollte, bevor man sie vergisst.

Richtiges Lagern

Sind alle Beigaben mit dem Alkohol gemischt, erhebt sich die Frage, ob die Ansatzmenge hell oder dunkel gelagert werden soll. Zu beachten ist die Grundregel, dass alle Ansätze, die dem Licht und der Sonne ausgesetzt sind, ausbleichen und daher der gewünschte Farbton des Ansatzlikörs nicht mehr erreicht wird. Bei dunkler Lagerung wird der Farbton eher erhalten.

Wesentlich ist auch die Wärme, in der der Ansatzlikör reifen sollte. Bei den jeweiligen Rezepturen wird angegeben, ob eine warme oder kühle Lagerung empfehlenswert ist.

Auch die Dauer des Ansatzes spielt eine Rolle. Es gibt Erfahrungswerte, die bei den jeweiligen Rezepturen beschrieben sind.

Höherprozentiger Alkohol entzieht den Beigaben schneller die Extrakte, niedrigprozentiger Alkohol braucht etwas länger.

Unter Experten ist es unentschieden, ob es sinnvoll ist, höherprozentigeren Alkohol zu verwenden, um in kürzerer Zeit den Ansatzlikör fertig zu stellen, oder ob es sinnvoller ist, einen niedrigprozentigeren Alkohol ein wenig länger „in Arbeit" zu lassen.

Filtrieren und abfüllen

Wichtig ist, dass der Ansatz nach der Ansatzzeit filtriert werden sollte, um ein klares Produkt in die Flasche zu bringen.

Wer es jedoch lieber naturtrüb haben will, kann vom Filtriervorgang absehen, wodurch jedoch in den abgefüllten Flaschen meistens ein Bodensatz entsteht.

Bei größeren Mengen an Ansatzlikören ist auch ein Abziehen der Flüssigkeit in kleinere Flaschen empfehlenswert, wodurch der trübe Bodensatz im Ansatzgefäß verbleibt und ein Filtrieren nicht mehr notwendig ist. Sie brauchen jedoch den verbleibenden Bodensatz nicht wegzuwerfen, sondern können diesen in Extraflaschen aufbewahren.

Störfaktor Geleebildung

Wenn dem Ansatz eine größere Menge an Früchten oder Fruchtsäften beigemengt wird, kann es zu störender Geleebildung kommen.

Diese wird durch Pektine hervorgerufen, die man durch Zugabe von pektinabbauenden Enzymen vermeiden könnte. Diese Maßnahme, die vor allem im gewerblichen Bereich angewendet wird, ist wegen der Schwierigkeit der Beschaffung von Enzympräparaten im Einzelhandel kaum möglich. Man sollte daher bei Ansätzen mit hohen Fruchtbeigaben einige Gramm vorgequollene Gelatine beifügen. Ist zu wenig Gelatine beigegeben worden, kann es sein, dass sich das Pektin in einer Schicht auf dem Flaschenboden absondert. Diese Absonderung kann während der Ansatzzeit in der Flasche verbleiben, weil sie auf den Geschmack des Getränkes in keinem Fall einwirkt.

Der Praxis Tipp

Man gibt mehr Schnaps in den Ansatz als Früchte und hat dadurch keine Geleeprobleme.

Ist trotz der Gelatinebehandlung noch eine leichte Trübung der Flüssigkeit bemerkbar, kann man entweder durch Filtern Abhilfe schaffen oder man belässt die Trübung, die von manchen Spezialisten sogar gewünscht wird, weil sie ein gewisses Charakteristikum hausgemachter Produkte darstellt.

REIFEZEIT, AUFBEWAHRUNG, LAGERDAUER

Reifezeit

Die Reifezeit der Ansätze ist sehr unterschiedlich. Bei einigen Kräutern ist die Genussreife schon nach einigen Stunden oder wenigen Tagen gegeben.

Es empfiehlt sich, die Ansätze hoch zu lagern, da es dort wärmer ist und der Alkohol aus den Zutaten das meiste herausziehen kann. Viele Ansätze lässt man in der Sonne oder an einem anderen warmen Platz reifen.

Nach dem Abfüllen in Flaschen sind diese gut zu verschließen, hier ist ein Korken, ein Schraubverschluss, aber auch ein Plastikpfropfen zielführend. Ohne sachgemäßes Verschließen verflüchtigt sich der Alkohol. Sollten in der Flasche noch weitere Zutaten verbleiben, müssen diese stets völlig mit Alkohol bedeckt sein.

Der Praxis Tipp

Nach einer Faustregel soll man Beeren nicht länger als drei Monate ansetzen, weil nach dieser Zeit durch den Alkohol auch die Geruchs- und Aromastoffe der kleinen Kerne ausgezogen werden, wodurch es zu bitterem Nachgeschmack kommen kann.

Nach dem Ansetzen beginnt die notwendige Reifezeit. Während dieser Zeit sollten die Produkte sich selbst überlassen werden, es sei denn, es ist ein Schütteln während dieser Zeit notwendig. Dies wird bei den Rezepten immer gesondert hervorgehoben.

Das „Nachreifen“ in der Flasche

Fast alle Ansätze erhalten ihren gewünschten Geschmack und ihr ausgereiftes Aroma erst nach einiger Lagerzeit. Daher ist darauf Rücksicht zu nehmen, die Ansäte nicht zu frühzeitig zu konsumieren, vor allem, wenn der Alkoholgehalt darin hoch ist, weil sie sonst zu scharf oder zu spritig schmecken.

Je größer das Lagerungsgefäß ist, desto angenehmer reifen die Ansätze nach.

Es kann vorkommen, dass in der Nachreifung noch Trübungen auftreten, die man entweder akzeptiert oder durch Filterung beseitigt.

Lagerdauer

Wie lange Ansätze aufgehoben werden können, ist sehr unterschiedlich. Vielfach spielen die Jahre hier keine Rolle. Manche Ansatzschnäpse und Liköre werden von Jahr zu Jahr besser – wie es dem Gaumen gefällt.

Wichtig ist jedoch, die Ansätze gut zu verschließen, wobei hier Korken, Glasdeckel, Pergamentpapier oder andere Materialien verwendet werden können.

Die Lagerung sollte in einem dunklen Raum, der eher kühl ist, erfolgen (Keller oder ein Kasten auf der untersten Ebene).

Der Alkohol im Ansatz hält das Aroma der Frucht für viele Jahre fest und ist für den Fall, dass er richtig hergestellt wurde, unverderblich, das heißt, er wird mit der Zeit immer besser.

Der Praxis Tipp

Das Aufbewahren der Ansätze erfolgt am besten stehend. Ist die Flasche einmal angebraucht, sollte man sie möglichst bald konsumieren, da die verbleibende Luft zur Verflüchtigung der Aromen beiträgt.

Im Fachhandel gibt es jedoch auch vakuumerzeugende Verschlüsse, die eine längere Haltbarkeit der angebrauchten Flaschen garantieren.

Trinktemperatur

Es mag früher einmal Mode gewesen sein, die „Angesetzten" eiskalt hinunterzukippen. Vielleicht auch deswegen, weil man nicht ganz reine Produkte verwendet hat, deren Schwächen durch die Kälte überdeckt wurden.

Wenn Sie jedoch saubere Brände und Zutaten bester Qualität verwenden, ist eine Kühlung kaum notwendig.

Man kann die Ansätze bei Zimmertemperatur genießen. Will man die in den Ansätzen enthaltenen Aromen besonders deutlich erkennen oder genießen, ist eine Temperatur von 25 °C nicht zu hoch angesetzt.

GLAS- UND FLASCHEN-KULTUR

VERSCHLÜSSE

Da heutzutage eine Unmenge an verschiedenen brauchbaren Limonadenflaschen und anderen Erzeugnissen ähnlicher Art am Markt ist, die noch dazu sehr auffällig etikettiert wurden, sollte man, wenn man diese verwendet (besondere Beachtung verdienen funktionsfähige Verschlüsse), die Etiketten ablösen und die neuen Etiketten anbringen. Dies vor allem deswegen, damit die Ansätze nicht verwechselt werden können, etwa von Kindern.

Außerdem ist zu beachten, dass die vorher in diesen Flaschen befindlichen Substanzen oft sehr nachhaltige Geschmacksreserven haben, die die Ansätze in ihrem Geschmack beeinflussen könnten.

Ansatzschnäpse und Liköre sind edle Produkte, man sollte ihnen daher auch eine edle Verpackung zugestehen. Man sollte auch die Inhaltsmenge auf die zukünftige Verwertungshäufigkeit abstimmen.

Ein kleiner Haushalt wird naturgemäß kleinere Flaschen verwenden, während ein Großhaushalt ohne weiteres auch größere Gefäße verwenden kann.

Ist daran gedacht, den Ansatzschnaps zu verschenken, sollte ebenfalls darauf Rücksicht genommen werden, welche Menge man weitergeben will.

Auf jeden Fall ist die Flasche so zu reinigen (sowohl innerlich als auch äußerlich), dass sowohl für den Eigenverbrauch als auch für Geschenkzwecke nicht der Eindruck entsteht, es sei irgendein Überbleibsel in irgendeiner Flasche „versorgt" worden.

Der Praxis Tipp

Das Gefäß sollte nicht so hoch abgefüllt werden, dass es bei einer allfälligen Dehnung (infolge Wärme) zum Bruch kommt. Es ist also auf einen so genannten Dehnungspolster in der Flasche zu achten.

Es kann auch vorkommen, dass sehr kalt gelagerte Ansätze, die bis oben angefüllt in einer dicht verschlossenen Flasche weitergegeben wurden und nun im warmen Wohnzimmer lagern, regelrecht explodieren.

Der Praxis Tipp

Für das Verschließen von Ansatzschnäpsen sollten keine gebrauchten Korken verwendet werden, denn diese sind in den meisten Fällen beschädigt, auf jeden Fall jedoch unsteril.

Sollte der neue Korken trotz sorgfältigster Bemühung sich nicht ganz im Flaschenhals unterbringen lassen, ist der über dem Flaschenhals befindliche Teil mit einem scharfen Messer abzuschneiden.

Plastikkorken sind sehr praktisch, doch wird empfohlen, diese nicht für Geschenkflaschen zu verwenden, da sie zu nüchtern wirken. Für besondere Ästheten empfiehlt sich das Überstülpen einer Zierhülse.

Es gibt auch „Zierhütchen" im Handel, die ebenfalls über den Flaschenhals gestülpt werden können und mittels eines auf volle Hitze gestellten Haarföhnes eingeschrumpft werden sollten.

Die Visitenkarte eines Ansatzschnapses, eines Likörs ist das Etikett. Ob man gekaufte Schablonen nimmt oder selbst gemachte Varianten, liegt im künstlerischen Selbstverständnis des Anwenders.

Handschrift garantiert eine persönliche Note, doch gibt es heutzutage jede Menge Vordrucke, die durchaus ein sehr passables Aussehen gewährleisten.

Sollte man Flaschen wieder verwenden, ist darauf zu achten, dass der Klebstoff so beschaffen ist, dass man die Etiketten im warmen Wasser wieder abwaschen kann. Es ist auch möglich, die Etiketten mit durchsichtigen Kunststoffbändern zu fixieren.

Für den eigenen Gebrauch genügen natürlich auch schmucklose Klebeetiketten.

Der Praxis Tipp

Ansätze, die man im Keller Monate oder Jahre lagert, sollten den Vermerk tragen, wann sie angesetzt und abgefüllt wurden bzw. auch, welchen Alkohol, welche Früchte, Kräuter etc. man verwendet hat.

Glaskultur

Die Glaskultur begleitet seit rund 6000 Jahren die Ess- und Trinkkultur des Menschen. Edle Ansätze verlangen auch edle Gläser. Die Auswahl ist mit dem Anlass, aber auch mit der „Gemütslage" des Anwenders verbunden.

Nicht extra betont werden sollte, dass das Glas absolut sauber und fleckenfrei sein muss. Dafür gibt es eine Menge geeigneter Mittel, jedoch ist es immer notwendig, nach dem Waschen das Glas mit heißem Wasser zu spülen bzw. mit einem Tuch zu polieren.

Schnapsgläser haben in der Regel einen Inhalt von 2 bis 2,5 cl.

Nicht nur der Blickfang, den jedes Glas und jede Karaffe darstellt, sondern auch die Funktionalität, die gewisse Aromen und Gerüche besser präsentiert, hat eine spezielle Aufgabe. Ein Stielglas mit dünner Glasstruktur wirkt eher elegant, ein breiteres Glas mit dickwandigem Volumen löst eher rustikale Anmutungen aus. Für Kenner ist es wichtig, dass das Glas noch genügend Platz hat, um die Flüssigkeit schwenken zu können, damit sich der Duft entsprechend entfalten kann.

Es gibt heutzutage viele Glashersteller, die sich um besondere Exklusivität ihrer Produkte bemühen. Es wird viel darüber diskutiert, ob der eine oder andere Ansatz in dem einen oder anderen Glas besser zur Wirkung kommt.

Insgesamt trägt diese Diskussion jedenfalls dazu bei, dass der Trinkgenuss durch optischen Genuss aufgewertet wird.

Man weiß es zwar, aber man vergisst es immer wieder: Gutes Glasmaterial ruft beim Zuprosten Klangvarianten hervor, die ebenfalls zur edlen Glaskultur gehören. Nicht unwichtig ist zudem, dass Glas die ideale Trinktemperatur länger erhält als andere Materialien.

Hat das Glas eine Tulpenform, lassen sich Duft und Geschmack besonders hervorheben.

Bedenken Sie auch, dass manche „Angesetzte", wenn sie aus der Kälte kommen, noch sehr verschlossen sind. Sie sollten zumindest Raumtemperatur erreichen, um ihr Aroma voll entfalten zu können. Andererseits gibt es Ansatzschnäpse, die eher kalt getrunken besonders genussvoll sind. Auch hier ist der Experimentierfreudigkeit breiter Raum eingeräumt.

Wer sich darauf versteht, kann die vielfarbigen Ansatzprodukte in getönten Gläsern unterstreichen und zum Funkeln bringen.

Der Praxis Tipp

Wenn Sie etikettierte Flaschen oder Gläser im Keller aufbewahren, kann es leicht sein, dass durch die Luftfeuchtigkeit die Etiketten abfallen. Um dies zu vermeiden, empfiehlt es sich, diese in hauchdünnes Cellophan (das in Supermärkten und in verschiedenen Fachgeschäften erhältlich ist) einzuschlagen bzw. damit zu umhüllen.

Für alle „Künstler" unter den Ansatzzubereitern gibt es ein reiches Betätigungsfeld, die Flaschen oder Gläser selbst zu bemalen. Lassen Sie sich dazu von Ihrem Farbenhändler Grundbegriffe der Glasmalerei erklären.

Auch die Verpackung der Ansatzflaschen kann sich zu einem eigenen Dekorations„fest" auswachsen. Für Geschenkzwecke kann man vorgefertigte Kartons und Verpackungsmaterialien in einschlägigen Bastlergeschäften kaufen und diese noch verschönern.

Der Praxis Tipp

Im Laufe der Zeit fallen im Haushalt verschiedenartigste Flaschen und Gläser an. Man sollte sie sorgfältig reinigen und aufbewahren.

Verschlüsse

Eine sehr gediegene Verschlussdekoration ist das Versiegeln der Flaschen. Zu diesem Zweck wird der Abschluss des Flaschenkorkens einige Millimeter in den Flaschenhals hineingedrückt und in diese Vertiefung der erwärmte Siegellack eingegossen. Wer nicht über einen Siegelring verfügt, kann mittels eines selbst verfertigten Siegels eine entsprechende Schmuckform einprägen.

Es ist auch möglich, eine solide, raue Hanfschnur um den Flaschenhals zu schlingen und die beiden Enden der Schnur durch einen großen Siegellacktropfen, den man auch wieder prägen kann, zu verbinden.

Hat man keinen Siegellack zur Verfügung, kann man um den Flaschenhals auch ein an einem Faden befestigtes „Zertifikat" anbringen, um so den originalen Charakter des Produktes zu unterstreichen.

SERVIER- UND DEKORATIONS-TIPPS

Sie müssen nicht unbedingt ein Künstler zu sein, um den Genuss des Angesetzten durch eine Verschönerung des optischen Aussehens noch zu steigern.

Ähnlich wie bei Cocktails können Sie fantasievolle Dekorationselemente anbringen, etwa einen so genannten „Crustarand", indem Sie den Glasrand mit einer kleinen Menge Flüssigkeit befeuchten und danach direkt in Zucker tauchen.

Der Praxis Tipp

Wenn Sie das Glas nach dem Eintauchen in Zucker anschließend einige Minuten in den Kühlschrank stellen, hält der Crustarand länger.

Bei einem Haselnussansatz können Sie den Rand auch aus gemahlenen Haselnüssen herstellen oder andere gemahlene Produkte verwenden, z. B. Kokosnuss oder Mandeln etc., aber auch Kaffee- und Schokoladenränder sind sehr dekorativ.

Es ist natürlich auch möglich, die Gläser mit Fruchtstückchen zu dekorieren oder mit Kräuterzweigen. In dieser Hinsicht ist Ihrer Fantasie keine Grenze gesetzt.

Um Fruchtstückchen originell zu schneiden, gibt es geeignete Geräte. Sehr oft werden auch Blätter der Zitronenmelisse und der Minze verwendet oder kandierte Kirschen, an denen noch der Kirschenstiel anhaftet. Wer besonders extravagante Serviermethoden liebt, kann Fruchtsäfte in kleinen Eiswürfelbehältern einfrieren und diese Würfelchen mit oder ohne Stiel in das Getränk geben.

Bei der Beigabe von Eiswürfeln scheiden sich die Geister. Es ist dies eine Frage der persönlichen Philosophie. Für einzelne Getränke lässt sich die Beigabe von Oliven sicherlich auch verantworten. Ebenso lassen sich verschiedene Tees einfrieren und den Getränken zufügen.

Es macht einen guten Eindruck, die einzelnen Ansätze mit jenen Kräutern und Blüten zu dekorieren, mit denen sie auch angesetzt wurden, wie z. B. Rosenschnaps mit Rosenblättern, Pfefferminzlikör mit Pfefferminzblättern etc.

MUT ZU GENIEßERISCHEM EXPERIMENTIEREN

Die häusliche Ansatzbereitung hat den Vorteil gegenüber den Industrieprodukten, dass man nach eigenem Geschmack ein harmonisches, genussvolles Getränk für besondere Anlässe komponieren kann und dabei selbst das richtige Verhältnis zwischen Alkohol und Aroma zusammenstellt.

Es zeigt sich heutzutage die Tendenz, den Alkohol etwas zurückzunehmen, um die Fruchtigkeit besonders zu unterstreichen. Dennoch ist ein Mindestanteil von 22 bis 25 % Alkohol für die dauernde Haltbarkeit des Angesetzten notwendig.

Die Frucht in der Flasche

Immer wieder ruft es Verblüffung hervor, wenn man ein Ansatzgefäß anbietet, in dem eine große Frucht schwimmt, die unmöglich durch die Flaschenöffnung eingesetzt werden konnte.

Für die Herstellung empfiehlt sich eine weithalsige Flasche (deren Hals jedoch dünner ist als die zu erwartende Fruchtgröße), die keine Schweiß- oder Klebenaht aufweist, da man ansonsten das Geheimnis der „Frucht in der Flasche" bezweifeln könnte. Man verwendet also eine Flasche, deren Glas als Ganzes geblasen wurde.

Nun wird das Geheimnis – am Beispiel der Birne – verraten: Gut geeignet ist ein Baum mit Williamsbirnen. Nun wartet man, bis sich nach der Blüte der erste Fruchtansatz zeigt. Von diesen Früchten muss man die besten auswählen. Wichtig ist, dass diese Minifrüchte dort wachsen, wo nachher die Flaschen gut angebracht werden können: Sie nehmen die Flasche und führen den Hals über die zarte Frucht, sodass sich diese im Inneren des „Glasballons" befindet.

Dann befestigen Sie die Flasche mittels einer dicken Hanfschnur oder eines Drahtes am bestgelegenen tragfähigen Ast, sodass auch ein starker Wind oder ein arges Gewitter der Flasche nichts anhaben kann. Die Befestigung sollte nicht zu starr sein, sondern sehr flexibel, damit sie sich den Bewegungen des Astes anpassen kann.

Je tiefer die Frucht in die Flasche hineinragt, umso besser. Schlecht wäre es, wenn die Frucht sich im Flaschenhals befindet und sich dort festwächst.

Der Praxis Tipp

Der Flaschenhals darf keinesfalls nach oben gerichtet sein, weil sonst das Regenwasser in die Flasche läuft und die Frucht verderben kann. Abgesehen davon, dass durch das Gewicht des eindringenden Wassers die Flasche vom Baum gerissen werden könnte.

Ein günstiger Erntetermin ist, wenn die Birne zwar reif, aber noch nicht überreif, also grün ist. Danach wird die Flasche samt Inhalt vorsichtig vom Ast gelöst.

Im Inneren der Flasche werden sich Staub, Blüten und Pollen angesammelt haben. Diese sollten mit Geduld und mit dem Erfindungsreichtum des passionierten Ansatzerzeugers entfernt werden. Auch äußerlich wird die Flasche einiges abbekommen haben. Diesen Schmutz kann man mit lauwarmem Wasser entfernen.

Hat man das Produkt elegant gesäubert, wird der Inhalt mit Kornbrand aufgefüllt (man kann auch Williamsbirnenschnaps verwenden, wenn man stärkere Aromen wünscht). Danach kommt der Kork in die Öffnung und wird versiegelt, damit er luftdicht abgeschlossen ist. Die beste Qualität erreicht man, wenn die Flasche neun Monate im Halbdunkel dahindämmert (bei eher kühlen Temperaturen).

Der Praxis Tipp

Es gibt auch Flaschen, in die man den Boden nachträglich einklebt.

Ansatzschnäpse und Liköre in der Küche

Zu Unrecht werden Liköre und Ansatzschnäpse in der Küche vergessen. Man sollte sich in Erinnerung rufen, dass z. B. dem Schweizer Käsefondue ein ungesüßter Kirschansatz beigemengt werden sollte, dass zu Saucen für Wildgerichte ein guter Wacholderbrand oder Wacholderansatz passt. Eine Rehbratensauce etwa lässt sich mit Cassislikör verfeinern oder der Saft einer Entenbrust mit Schlehenlikör.

Viele, viele Mehlspeisen bekommen mit Ansätzen ihren letzten Pfiff. Und auch als Zutaten für Kompott oder Gelees sind Ansätze – in vernünftigen Mengen verwendet – sehr geeignet. Für jene, die gerne flambierte Speisen konsumieren, ist die Verwendung von Ansatzschnäpsen ebenfalls ratsam.

Der Praxis Tipp

An kalten Tagen schmecken die verschiedenen Haustees mit Ansätzen noch viel besser.

ANSATZSCHNÄPSE, LIKÖRE UND GESUNDHEIT

Die Menge des verträglichen Alkohols ist sehr individuell. Wissenschaftlich erwiesen ist jedoch, dass sieben Gramm Alkohol eine Stunde benötigen, um abgebaut zu werden, wobei dieser Abbau zu 10 % über den Atem, zu 10 % über die Nieren und über die Leber erfolgt.

Ein kräftiges Essen während der Alkoholzufuhr lässt diesen zwar nicht verschwinden, verlangsamt jedoch seine Wirkung. Besonders sollte man die Alkoholaufnahme dann beachten, wenn man in medikamentöser Behandlung ist.

Da Ansatzschnäpse und Liköre die Verdauung fördern, desinfizieren, anregend und aufmunternd wirken, ist ein gesundes Mindestmaß – das allerdings nicht zur Regel werden sollte, sondern nur zu besonderen Anlässen – eine sehr empfehlenswerte Abwechslung vor und nach dem Essen.

Allen alkoholischen Getränken ist sowohl die Nahrungswirkung, ihre Funktion als Genussmittel, aber auch ihre Wirkung als Gift eigen. Der enthaltene Alkohol liefert viel Energie, die der Körper voll verwertet.

Geringe Alkoholmengen regen Herz und Kreislauf an, können einen niedrigen Blutdruck normalisieren und den Fettstoffwechsel günstig beeinflussen, womit einem Herzinfarkt vorgebeugt wird. Vorwiegend genießt man die Ansätze jedoch bei festlichen Anlässen, nach einem Arbeitstag, am Feierabend. Sie tragen zur Entspannung bei, erleichtern zwischenmenschliche Kontakte und bauen Hemmungen ab.

Ab einem Blutalkoholspiegel von etwa 0,5 ‰ – das sind 0,5 g Alkohol je Liter Blut – wird die Konzentrationsfähigkeit beeinträchtigt. Das Zusammenspiel der Muskeln ist bei komplizierten Steuerarbeiten gestört und die Reaktionsschnelligkeit wird herabgesetzt. Dies führt bei der Arbeit, beim Sport und bei der Teilnahme im Straßenverkehr zu Fehlleistungen. Es ist medizinisch erwiesen, dass der Alkohol auf das zentrale Nervensystem lähmend wirkt und die unerwünschten Wirkungen sich vermehren, je mehr man trinkt. Die Behauptungen, dass es Mittel gäbe, um die Wirkungen des Alkohols auszuschalten, stimmen nicht.

Der Alkohol geht auch langsamer ins Blut über, wenn man ihn nicht hastig und nicht auf leeren Magen genießt, ansonsten wirkt er ungeheuer rasch. Stressfaktoren verhelfen dem Alkohol ebenfalls zu einer stärkeren Wirkung.

Das Maß aller Dinge ist beim Genuss von Alkohol der kultivierte Genuss und die richtige Dosis, um seine negativen Seiten zu vermeiden. In der Mäßigung liegt der wahre Genuss. Eine Volksweisheit sagt: „So sei Dein eigner Polizist, der, was verträglich, ehrlich misst!" Oder in den Worten von Paracelsus: „Allein die Dosis macht das Gift."

Wogegen helfen Ansatzschnäpse und Liköre?

Ansatzschnäpse und Liköre sind nicht nur Genussmittel, sie erfreuen sich auch als Hausmittel großer Beliebtheit. Die nachfolgend angeführten Ansätze müssen nicht „reinsortig" sein, die angeführten Ingredienzien können auch als Teil einer Mischung beigegeben werden, sollten jedoch in der Menge und Intensität dominieren. Bei der Zubereitung kann man sich an den im Buch angeführten Ansatzschnaps- und Likör-Rezepten orientieren.

Angelikalikör
Appetitanregend, sekretförderndes Magenmittel

Anislikör
Gegen Blähungen, Durchfall, Husten, Magenkrämpfe und Mundgeruch, verdauungsfördernd

Arnikaschnaps
Die Einnahme auf Würfelzucker vertreibt den Durchfall. Der Schnaps kann jedoch auch äußerlich bei Hautabschürfungen, Blutergüssen und Entzündungen (auch im Bereich der Mundhöhle und der Zähne) angewendet werden.

Arnikalikör
Harn- und schweißtreibend, entzündungshemmend, anregend, gegen Herzbeschwerden, infektiöse Erkrankungen

Baldrianlikör
Schlaffördernd, krampflösend, beruhigend

Bärlauchgeist
Gegen Durchfälle, Koliken, aber auch gegen Herzstörungen und Schlaflosigkeit

Bärlauchlikör
Blutreinigend, blutzuckersenkend

Basilikumlikör
Gegen Blähungen, Blutarmut, Darminfektion, Heuschnupfen, Osteoporose, magen- und darmanregend

Beifußlikör
Gegen Appetitlosigkeit, hohe Cholesterinwerte, Völlegefühl, Zahnfleischentzündungen

Bibernellschnaps
Auf etwas Zucker sollte man gegen Heiserkeit und als Vorbeugung bei Erkältungskrankheiten mehrmals täglich 20 Tropfen nehmen.

Blutwurztinktur
Die Tinktur hilft bei Mund- und Rachenentzündungen durch mehrmalige Einnahme kleinerer Mengen während des Tages.

Bohnenkrautlikör
Magen- und darmanregend

Borretschlikör
Verdauungsfördernd

Brennnesselschnaps
Der Schnaps wird bei Magen- und Darmgeschwüren angewendet, auch bei Magen- oder Sodbrennen.

Brennnessellikör
Blutreinigend, stoffwechselfördernd, harnanregend

Brombeerschnaps
Gegen Durchfall und Sodbrennen

Dilllikör
Gegen Blutarmut, Gicht, Nervosität, Mundgeruch, Blähungen, verdauungsfördernd, appetitanregend

Dirndlschnaps (Kornelkirschen)
Kleinere Mengen, mehrmals am Tage eingenommen, helfen gegen verdorbenen Magen und Durchfall.

Eberwurztinktur
Bei Bronchialleiden helfen zweimal täglich 20 bis 30 Tropfen.

Enzianlikör
Verdauungsfördernd, beruhigend, magenstärkend

Estragonlikör
Gegen Appetitlosigkeit, Blähungen, Magenübersäuerung, Magnesiummangel, besonders verdauungsfördernd

Fenchelsamenlikör
Gegen Blähungen, Durchfall, Magenkrämpfe

Heidelbeerlikör
Gegen Durchfall

Heidelbeerschnaps
Gegen Durchfall, auch gegen Gastritis

Hollerschnaps
Der Hollerschnaps ist besonders wirksam bei Husten, Heiserkeit, Grippe und diversen Erkältungskrankheiten.

Hopfenschnaps (aus den Blüten)
Gegen Schlaflosigkeit, Erregungszustände und Appetitlosigkeit

Ingwerlikör
Gegen Blähungen, Erkältungen, Gastritis, Reisekrankheit, magenstärkend, appetitanregend

Kalmuslikör
Kräftigend, blutbildend, gegen Übelkeit, Durchfall

Kamillenlikör
Entzündungshemmend, keimtötend, gegen Blähungen, krampflösend

Kardamomlikör
Gegen Blähungen, Verdauungsschwäche, Katersymptome

Kiefern(spitzen)schnaps
Gegen Schlaflosigkeit

Knoblauchlikör
Gegen Bronchitis, Darmentzündung, grippale Infekte, Durchblutungsstörungen, Verstopfung

Königskerzenschnaps
Der Ansatz mit den Blüten der Königskerze hilft gegen Heiserkeit, Halskrankheiten und Asthma.

Korianderlikör
Gegen Appetitlosigkeit, Blähungen, Gastritis, Kopfschmerzen, Magenreizungen, verdauungsfördernd

Kreuzkümmellikör
Gegen Bronchitis, Darmkoliken, Erkältungen, Husten, Menstruationsbeschwerden, Völlegefühl

Kümmellikör
Gegen Blähungen, Magenschwäche, Mundgeruch, allerlei Verdauungsprobleme, Magennervosität

Lavendelblütenschnaps
Äußerlich angewendet, hilft er bei rheumatischen Erkrankungen durch Einreiben, innerlich angewendet kann dreimal am Tag je ein Kaffeelöffel entweder in Wasser oder in Tee zur Entspannung und Beruhigung eingenommen werden.

Liebstöckllikör
Gegen Blutarmut, Gicht, Harnsteinleiden, Muskelkrämpfe

Löwenzahnschnaps
Der Schnaps trägt zum körperlichen Wohlbefinden bei und hilft auch bei der Entschlackung.

Majoranlikör
Gegen Appetitmangel, Blähungen, Darmkoliken, Durchfall, Gastritis, Nervosität, Magenreizungen

Meisterwurzschnaps
Bei Halskrankheiten und Asthma tropfenweise einzunehmen

Melissenlikör
Krampfstillend, schmerzstillend, beruhigend, schweißtreibend

Muskatnusslikör
Gegen Gelenksentzündungen, Verdauungsschwäche

Nussschalenlikör
Gegen Magenprobleme, Magenkrämpfe, Durchfall

Oreganolikör
Gegen grippale Infekte, Halsentzündungen, Kopfschmerzen, Zahnfleischprobleme, verdauungsfördernd

Petersilienlikör
Gegen Bluthochdruck, Blutarmut, Harnwegsinfektionen, grippale Infekte, Harnsteine

Pfefferminzlikör
Gegen Appetitlosigkeit, Darmkoliken, Durchfall, Menstruationsprobleme, Kopfschmerzen, belebend, erfrischend, nervenstärkend, krampflösend

Rosmarinlikör
Gegen Angina pectoris, Herzprobleme, Müdigkeit, niederen Blutdruck, nervenanregend

Safranlikör

gegen Haarschuppen, Lichtempfindlichkeit, Konzentrationsschwäche, Magenträgheit, Lippenrisse

Salbeilikör

Gegen Darmentzündungen, Durchfall, grippale Infekte, Rachen- und Zahnfleischentzündungen, Nachtschweiß, Verschleimungen

Schlüsselblumentinktur

Die Tinktur aus den Wurzeln der Blume wirkt gegen Migräne.

Schwarzkümmellikör

Gegen Allergien, Athritis, Blähungen, Rheumaprobleme, Verdauungsträgheit

Spitzwegerichschnaps

Gegen Erkältungskrankheiten, Husten, Heiserkeit

Tannennadelnschnaps

Der Ansatz mit getrockneten jungen Tannentrieben hilft gegen Mund- und Rachenentzündungen.

Thymianlikör

Gegen Blutarmut, Darmentzündungen, grippale Infekte, Mandelentzündungen, Verdauungsprobleme, Husten, nierenanregend

Zimtlikör

Gegen Darminfektionen, Darmkoliken, Durchfall, Heiserkeit, Kreislaufschwäche, niedrigen Blutdruck, Rachenentzündungen, Verdauungsprobleme

ANSATZ-SCHNAPS-REZEPTE

Die nachfolgend genannten Mengenangaben und Angaben über diverse Beigaben erheben keinen Anspruch auf Vollständigkeit, man kann bei den Gewichtsangaben mitunter auch variieren.
Der Reife- sowie der Konzentrationszustand der Ingredienzien fordern den Hersteller von Ansatzschnäpsen ständig zu neuen Überlegungen und Anwendungen heraus.

Mit Kräutern und Blüten

Kräuterschnaps (elegant)

5 g Rosmarin, 5 g Salbei, 10 g Fenchelkörner, die Schale einer Zitrone und einer Orange werden zwei Tage lang in einem Liter Weingeist angesetzt, danach abgeseiht und in Flaschen abgefüllt. Ein „Magenschmeichler".

Kräuterschnaps (fulminant)

Geeignet für einen Kräuterschnaps sind verschiedentliche Kräuter, wie z. B. Luststock (nur in geringen Mengen nehmen), Salbei, Koriander, Ingwer, Kümmel, Anis, Tausendguldenkraut, Zitronenmelisse, Kalmus, Baldrian, Enzian, Wermut etc., der Fantasie sind keine Grenzen gesetzt.

Etwa 100 g dieses Gemisches mit 1 l Kornschnaps ansetzen, nach einigen Wochen abseihen und in dunkle Flaschen füllen. Dieser Schnaps wirkt besonders gut bei Verdauungs- und Magenproblemen.

Löwenzahnschnaps

Von ca. 100 Löwenzahnblüten die Blütenblätter auszupfen, mit einer geschälten, unbehandelten Zitrone in 1 l Kornbrand ansetzen. Das Gefäß eine Woche in die Sonne stellen, nachher abseihen, die Flüssigkeit filtrieren, in Flaschen füllen, danach den Ansatz noch einige Wochen ruhen lassen, bevor er trinkreif ist.

Rosenblütenschnaps

Etwa 200 g aufgeblühte Rosenblüten, aber auch deren Blütenkelche in 1 l Kornschnaps ansetzen und zwei Wochen stehen lassen. Nach diesem Zeitraum abseihten und in dunkle Flaschen füllen. Ein Elixier für Genießer.

Der Praxis Tipp

Nicht alle lieben das parfümartige Aroma der Rosenblüten.

Wodkabärlauch

Ein größeres Büschel frischen Bärlauchs grob schneiden, mit 750 ml Wodka verdünnen und mit 300 ml destilliertem Wasser ansetzen.

Das verschlossene Gefäß auf einer sonnigen Fensterbank einen Monat ansetzen, zwischendurch ab und zu schütteln. Nach dieser Zeit filtern und in einer dunklen Flasche aufbewahren.

Mit Früchten und Säften

Apfelkorn

Drei bis vier eher säuerliche Äpfel waschen und vierteln, die Stiele, den Blütenansatz und das Kerngehäuse entfernen. In einem weithalsigen Glas die Äpfel mit 1 l Kornschnaps ansetzen. Nach vier Wochen die Flüssigkeit entweder mit einem Gummischlauch abziehen oder filtern.

Da der Geschmack entsprechend der verwendeten Apfelsorte sehr stark variiert, entweder weitere Äpfel zugeben, einen weiteren Monat stehen lassen oder aber mit Kornschnaps verlängern.

Der Praxis Tipp

Wenn Sie rasch arbeiten, werden die Äpfel nicht braun. Das Gefäß gut verschließen und an einen warmen Ort stellen. Nach sechs Wochen werden die Stücke abgeseiht und danach filtriert. Zum Abschmecken kann man 100 ml Apfelbrandwein oder Calvados beimengen. Die Ruhezeit beträgt rund drei Monate.

Apfelschnaps exklusiv

500 g duftende Äpfel (mit der Schale) vierteln und vom Kerngehäuse befreien. In 1/4 l Obstbrand, gemischt mit 1/4 l Wasser, ansetzen. Den Ansatz rund zwei Wochen kühl lagern, danach den Apfelrückstand abseihen. Die Flüssigkeit mit etwas Wasser versetzen und dann noch einmal filtrieren. Nach dem Filtrieren 1 l Obstbrand beifügen und je nach Geschmack eine Vanilleschote oder den Saft einer Zitrone beigeben.

Da das Endprodukt sehr viel Pektin enthält, muss man mit einer natürlichen Trübung rechnen, die dem Erscheinungsbild des Getränkes seine Exklusivität verleiht.

Brombeerschnaps

500 g ausgereifte Brombeeren, 5 Gewürznelken, einige Pimentkörner und etwas Zitronenschale mit 1 l Kornbrand ansetzen.

Das Ansatzgefäß gut verschlossen an einen warmen Ort stellen. Mehrfach pro Woche leicht schütteln und nach der Reifezeit filtrieren.

Vor dem Abfüllen in Flaschen 200 ml Whisky zur Geschmacksverfeinerung dazugeben. Die Reifezeit beträgt rund zwei Monate.

Erdbeerschnaps

500 g reife Erdbeeren, eine unbehandelte Zitrone, in Scheiben geschnitten, zehn Walderdbeerblätter, einige Stängel Waldmeister und ein Päckchen Vanillezucker mit 1 l Weinbrand vermengen. Diesen Ansatz ca. vier Wochen an einen warmen Platz stellen, danach abseihen und filtrieren.

Er ist sofort genussfertig. Naschkatzen können ihn vor dem Abfüllen in Flaschen noch mit einer Zuckerlösung versüßen.

Feigenschnaps

Fünf frische reife Feigen in 1 l Kornbrand ansetzen und ca. vier Wochen temperiert warm stellen. Nach der Reifezeit auf Wunsch die Feigen aus dem Schnaps nehmen und als Nachspeise mit anderen Zutaten verwenden.

Das Aroma kommt sehr gut zur Geltung, sodass man ohne weiteres noch mit Kornschnaps verdünnen kann.

Hagebuttenschnaps

500 g Hagebutten (erst nach dem ersten Frost gepflückt) waschen und von den Fruchtstielen entfernen. In ein Glas geben, ein Säckchen Vanillezucker sowie 700 ml Weingeist und 300 ml Wasser hinzufügen. Das Gefäß verschließen und an einem warmen Platz in die Sonne stellen.

Nach vier Wochen in Flaschen abfüllen. Die Reifezeit beträgt ein halbes Jahr.

Himbeerschnaps spezial

In einem Zwei-Liter-Glas 1 kg Himbeeren mit etwa 1 l Kornbrand übergießen und sechs Wochen stehen lassen. Durch die Fruchtflüssigkeit verliert der Ansatz an Alkohol – entweder den Alkohol nachgießen oder als Niedrigprozentigen belassen.

Einige Gewürznelken und eine Zimtrindenstange in Weinbrand oder Cognac ansetzen, stehen lassen und ab und zu schütteln. Nach drei Wochen filtrieren und dem Himbeeransatz beimengen.

Beim Servieren des Schnapses einige Früchte mit ins Glas geben. Die verbliebenen Früchte können als Nachtisch gegessen werden.

Der Praxis Tipp

Die Früchte können auch püriert und dazugemischt werden. Jedoch sollte die Flüssigkeit vor dem Abfüllen in Flaschen filtriert werden.

Für Walderdbeer- und Heidelbeerschnaps kann die gleiche Vorgangsweise gewählt werden.

Mispelschnaps

Nach dem ersten Frost geerntete Mispeln (ca. 500 g) in 1 l Kornbrand einlegen. Etwa einen Monat angesetzt lassen und danach abseihen.

Nach Wunsch den Ansatzschnaps entsprechend zusätzlich süßen.

Nussschnaps

Sechs bis zehn unreife Nüsse (tragen noch die grüne Schale und können mit einem Messer leicht zerschnitten werden) in Scheiben schneiden oder vierteln, in eine weithalsige Flasche mit Drehverschluss geben und mit 1 l Obstschnaps aufgießen. Will man es ein wenig süßer haben, etwas Zucker beigeben.

Das Gefäß bei Raumtemperatur stehen lassen (für den Fall, dass Zucker beigemengt wurde, ab und zu schütteln). Nach ca. vier bis fünf Wochen die Flüssigkeit abseihen und in Flaschen zum Nachreifen füllen.

Der Praxis Tipp

Vorsicht beim Einschenken und Trinken: Flecken dieses Schnapses sind nur sehr schwer zu entfernen.

Orangenschnaps

Sechs ungespritzte Orangen schälen und in 750 ml Wodka geben. Den Ansatz ca. einen Monat stehen lassen, dann abseihen und in geeignete Flaschen füllen.

In der gleichen Weise kann man auch geschälte Zitronen nehmen. Wer es ein wenig süßer liebt, kann die gewünschte Menge an Honig beisetzen.

Schlehdornschnaps

Der Schlehdorn gehört zur Familie der Zwetschken (Pflaumen) und hat kleine blaue, runde Früchte. Der Erntezeitpunkt für den Ansatzschnaps liegt vor dem Frost (für Marmelade meistens nach dem Frost).

Rund 500 g Früchte mit 1 l Kornbrand ansetzen und einige Wochen bei mäßiger Temperatur lagern.

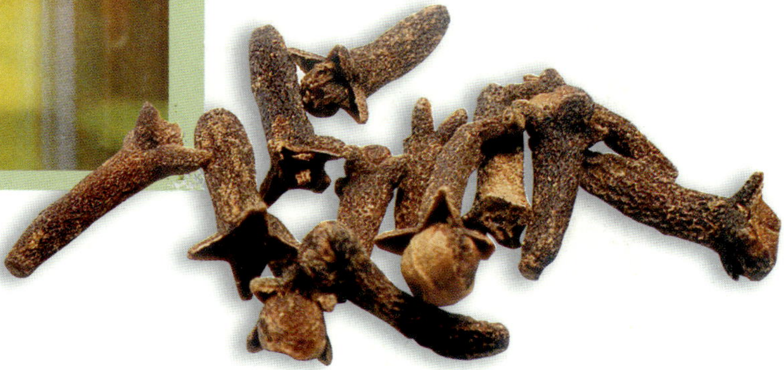

Schwarzer Kater

1/2 l schwarzer Johannisbeersaft und 1/2 l Kirschsaft auf fünf Gewürznelken, eine Vanillestange, eine Zimtstange geben, dazu 1 l Rum.

Dieses Gemisch in ein weithalsiges Glas füllen und vier Wochen wohl temperiert im Dunklen lagern. Danach abseihen, etwa sechs Wochen die Flüssigkeit in kleinen Flaschen reifen lassen.

Vor dem Genuss kann der „Schwarze Kater" noch verdünnt oder auch mit etwas Honig oder Zucker gesüßt werden.

Weichselschnaps

Ca. 500 g Weichseln (Sauerkirschen oder Schattenmorellen) in 1 l Kornbrand ansetzen.

Die Ansatzzeit sollte ca. drei Monate betragen, damit auch der Bittermandelgeschmack aus den Kernen zur Geltung kommt.

Mit Samen und Gewürzen

Anisschnaps

250 g Anissamen mit 750 ml Obstschnaps ansetzen, die Anissamen vorher fein verschroten oder in einem Mörser zerstoßen.

Die Flüssigkeit in einer dunklen Flasche in einem eher warmen Raum ca. sechs Wochen belassen und ab und zu schütteln. Danach in eine dunkle Flasche füllen und dort ca. drei Monate reifen.

Wer es süß liebt, kann den Anisschnaps danach mit ein wenig Honigsirup süßen.

Hausschnaps

20 g Wacholderbeeren, 10 g getrocknete, unbehandelte Orangenschalen, 5 g Koriander, 5 g Kardamom, 2 g Zimtstange, 2 g Kümmel, 2 g Sternanis, 1 g Nelken mit 1 l Obstschnaps ansetzen. Das Gemisch in den nächsten drei Tagen mehrfach schütteln, in hellen Flaschen abfüllen und aufbewahren.

Kümmelbranntwein

100 g Kümmel in einem Mörser zerstoßen, anschließend mit 500 ml Kornbrand ansetzen, in einem temperierten Raum 14 Tage lang stehen lassen und jeden Tag durchschütteln.

Der Schnaps ist nach dem Filtrieren sofort trinkfertig.

Mit Wurzeln, Nadeln und Rinden

Birkenschnaps

100 cm² Birkenrinde von der weißen Haut befreien, den Rest in kleine Stücke schneiden und mit 1 l Schnaps ansetzen.

Den Ansatz ca. zwei Monate in die Sonne stellen, anschließend filtrieren und für die Genussreife noch sechs Monate kühl und dunkel lagern.

Jägerfreund

Von der Tanne, der Fichte, der Föhre und der Lärche je zehn Triebspitzen mit zehn zerstoßenen Wacholderbeeren und einer Schafgarbenblüte in 1 l Schnaps ansetzen und 14 Tage in die Sonne stellen.

Den Ansatz einen Monat im Keller ruhen lassen, anschließend filtrieren, in Flaschen abfüllen und weitere vier Monate zur Ausreifung lagern.

Magenbitter

10 g Safran, 15 g fein geschnittene Enzianwurzel und die Schale einer Orange mit 1 l französischen Cognac eine Woche lang ansetzen, danach filtern und in Flaschen abfüllen.

Aperitif und Digestif

Nach dem Essen ist zum Verdauen ein so genannter Digestif, der meistens aus einem Kräuteransatz besteht, sehr zu empfehlen. Die Kräuterextrakte regen die Verdauung auf wohlige Weise an.

Der Aperitif vor dem Essen bereitet den Magen vor und regt die Verdauungsbereitschaft an.

Der Praxis Tipp

Wird der Aperitif mit Eiswürfeln serviert oder eisgekühlt angeboten, wird dem Gast eine neue Geschmacksvariante geboten.

Brombeer„digi“

500 g Brombeeren entsaften, in 1 l Branntwein ansetzen und einen Monat lang ziehen lassen. Danach die Flüssigkeit filtern, in kleinere dunkle Flaschen umfüllen und etwa sechs Monate lang reifen lassen.

Diesen Digestif soll man nach dem Essen in kleinen Mengen konsumieren.

„Geheimrezept Garten“

5 g Minze, 10 g Kamille und 1 Lakritzenstange in 500 ml Grappa einlegen. Nach einer Woche abfiltern und in kleine Flaschen füllen.

Es ist dies ein besonders wohltuender Digestif.

Russischer Johannisbeerblatt-schnaps

Ca. 30 schöne Blätter der schwarzen Johannisbeere in 1 l Wodka ansetzen und an einem warmen Ort ein Monat stehen lassen.

Danach die hellgrüne Flüssigkeit filtrieren und vor dem Genuss noch einige Zeit bis zur Reife lagern.

Weinrautenschnaps

In 1 l Wodka einige frische Weinrauten geben. Nach einer Woche erhält die Flüssigkeit eine schöne grüne Farbe und ist bereits genussreif.

Dieser Schnaps eignet sich bestens als Digestif nach einem guten Essen.

Genussschnäpse

Enzianschnaps

100 g Wurzeln des gelben Enzian (in Apotheken, Drogerien und Reformhäusern erhältlich – die Pflanze steht unter Naturschutz und kann daher nicht selbst gepflückt werden) mit 2 l Schnaps ansetzen und einige Wochen zur Reife in einen warmen Raum stellen.

Genussschnaps

500 g gemischte Beeren (z. B. Himbeeren, Johannisbeeren, Holunderbeeren) mit 1/2 l Obstschnaps unter Beimengung von ein bis zwei Löffeln Zucker ansetzen.

Die Flüssigkeit nach einem Monat in Flaschen gießen und einen weiteren Monat ruhen lassen. Vor der endgültigen Abfüllung die Flüssigkeit noch einmal filtrieren.

Isländerschnaps

15 g Wacholderbeeren, 15 g Rosinen, 50 ml Kirschensaft, 50 ml Cognac (oder Weinbrand), 250 ml Wasser, einige Tropfen Bittermandelöl und 5 g Kardamom in 250 ml Weingeist ansetzen.

An einem warmen Ort ca. drei Wochen lagern, danach filtrieren und in Flaschen abfüllen. Die Genussreife ist nach einigen Tagen erreicht.

Johannesschnaps

Am Geburtstag des heiligen Johannes des Täufers am 24. Juni zehn grüne Nüsse ernten, zerkleinern und samt der Schale mit 1 l Kornbrand in ein weithalsiges Gefäß geben.

Eine Stange Zimt zerbröseln, fünf Gewürznelken, die Schale einer halben Zitrone und drei Scheiben Orangen mit der Schale nehmen und den Ansatz damit vermengen.

Das verschlossene Gefäß ca. zwei Monate an einen sonnigen Ort stellen, den filtrierten Ansatz weitere drei Monate dunkel und kühl lagern und reifen lassen.

Der Praxis Tipp

Dieser aromatische Nussschnaps ist nicht nur wohlschmeckend, sondern auch stoffwechselanregend und magenstärkend und sollte vor den Mahlzeiten eingenommen werden.

Liebesschnaps

250 ml Kirschsaft, 250 ml Himbeersaft und 500 g Früchte (Kirsche oder Himbeere), die Schale einer Zitrone und einer Orange, eine kleine Zimtstange, fünf Gewürznelken und eine Vanillestange mit 750 ml Kornbrand ansetzen und im großen Ansatzglas an einem hellen Ort zur Reife bringen.

Ab und zu umrühren (es ist auch möglich, ein Tröpfchen zwischendurch zu kosten), die Flüssigkeit danach in besonders schöne Flaschen füllen. Stets griffbereit aufbewahren, damit der „Liebesschnaps" zur Hand ist, wenn liebe Gäste kommen.

Magenbitter mit Rum

100 g Enzianwurzel, 50 g Orangenschale, 5 g Zimtstange, 30 g rotes Sandelholz, 5 g Gewürznelken und 5 g Kardamom in 1 l Rum ansetzen.

Den Ansatz eine Woche lang stehen lassen und jeden Tag einmal schütteln, danach die Flüssigkeit abgießen bzw. filtern und ca. einen Monat zur Nachreife stehen lassen.

Für Rumfans ein bekömmliches Getränk in kleinen Mengen.

Orangenblütenschnaps

100 g Orangenblüten mit etwas Wasser 15 Minuten lang köcheln lassen, dann 1 l französischen Cognac beigeben.

Nach Wunsch süßen, bevor das Getränk in Flaschen abgefüllt wird.

Schnapskirschen

500 g reife Kirschen entsteinen, mit zehn geschälten Mandeln in 500 ml Kornbrand ansetzen und einen Monat bei moderater Temperatur lagern, ab und zu durchschütteln. Nach diesem Zeitraum abseihen, in Flaschen füllen und einen weiteren Monat zur Reife stehen lassen.

Für Naschkatzen kann man vor dem Servieren ein wenig an Süßmasse wie Zucker oder Honig beigeben.

Tannengeist

Zwei bis drei frische Tannentriebe in einer Flasche Gin ansetzen und zwei Monate darin belassen. Ab und zu die Flüssigkeit schütteln. Danach in getönte Flaschen füllen.

Zwetschkenwodka

Die Schale von einer unbehandelten Zitrone und von drei Orangen sowie 250 g kerngeputzte und getrocknete Zwetschken, ein Büschel frische Pfefferminzblätter und eine Zimtstange klein schneiden oder zerhacken und mit 1 l Wodka ansetzen.

Zwei Monate den Ansatz an einem sonnigen Platz stehen lassen (jeden zweiten, dritten Tag ein wenig durchschütteln), danach die Flüssigkeit filtern und in Flaschen füllen. Nach zwei Wochen wird noch einmal gefiltert und endgültig verschlossen.

Die Reifezeit beträgt bis zu einem Jahr (jedoch kann schon früher gekostet werden).

Gesundheits-schnäpse

Bärenklauschnaps

50 g Bärenklaublätter, 25 g Bohnenkraut, 25 g Brennnessel, 10 g Lavendelkraut und -blüten klein schneiden und mit 1 l Obstschnaps versetzen.

Das verschlossene Gefäß drei Wochen an einen mäßig warmen Ort stellen, nach dieser Zeit abseihen und in kleine Flaschen füllen.

Diese Tinktur kann als Würze für Salate und deftige Gerichte verwendet werden, dient der Gesundheit, kann jedoch auch als anregendes Massagemittel oder auch als Badezusatz herangezogen werden.

Bärlauchschnaps

1 kg frische, zerkleinerte Bärlauchblätter mit 1,5 l Obstschnaps ansetzen und in der Sonne zwei Wochen lang stehen lassen. Danach abseihen, in dunkle Flaschen füllen und dreimal täglich 10 bis 15 Tropfen in etwas lauwarmem Wasser einnehmen. Diese Anwendung fördert den Stoffwechsel.

Der Praxis Tipp

Man kann diesen Bärlauchschnaps auch zum Würzen von Speisen gut dosiert in kleinen Mengen verwenden.

Blutweiderichtinktur

100 g des zerkleinerten Krauts in 1/2 l Kornbrand geben. Diese Menge 14 Tage bei gleichmäßiger Wärme stehen lassen und das verschlossene Ansatzgefäß täglich schütteln. Nach dem Filtern den Rückstand mit 1/2 l destilliertem Wasser aufgießen, ein wenig stehen lassen, danach abseihen, Rückstand auspressen, dem Ansatzschnaps beigeben und alles gut vermischen.

Man sollte zweimal täglich ein halbes Stamperl trinken, um damit seine Lebensenergie zu stärken und Magen und Darm zu reinigen.

Himmelschlüsselschnaps

30 Blütenköpfe der Schlüsselblume und die Schale einer unbehandelten Zitrone in 1 l Kornbrand ansetzen und 14 Tage an einem warmen Ort (nicht jedoch an der Sonne) stehen lassen. Zwischenzeitlich mehrfach schütteln. Anschließend noch einen Monat kühl und dunkel stehen lassen, danach den Ansatz filtrieren, in Flaschen abfüllen und weitere vier Monate ausreifen lassen.

In Klöstern wurde dieser Schnaps gegen Erkältungskrankheiten und Bronchialbeschwerden eingenommen.

Kamillenschnaps

100 g Blütenköpfe einen Tag lang trocknen lassen und danach mit 1 l Schnaps ansetzen, drei Wochen in die Sonne stellen. Mehrmals durchschütteln. 14 Tage im Keller ruhen lassen, dann abseihen und filtrieren bzw. in Flaschen füllen.

Dieser Schnaps gilt als Allheilmittel bei Entzündungen und sollte stets zur Hand sein.

Knoblauchschnaps

In einem breithalsigen Gefäß junge Pflanzen mit den Zwiebeln nach unten, aber mit dem Kraut, das in der Hälfte abgeschnitten wird, in 1 l Kornbrand ansetzen. Nach 14 Tagen abseihen bzw. filtern. Nun in Flaschen abfüllen.

Der Knoblauchschnaps kann bei „Problemchen aller Art" vor dem Schlafengehen jeweils in einem Stamperl getrunken werden.

In kleinen Mengen genommen, hilft der Schnaps bei Durchblutungsstörungen und bei hohem Blutdruck.

Der Praxis Tipp

Wer nach dem Stamperl Knoblauchschnaps ein Glas Milch trinkt, das angeblich den Geruch lindert, dem verhilft es auf jeden Fall jedoch in Kombination zu gutem Schlaf.

Lebenselixier

50 g frische Blätter der Zitronenmelisse, 10 g Tausendguldenkraut, 10 g Wermut und 10 g Rosmarin mit 1 l Kornbrand ansetzen und ca. drei Wochen stehen lassen.

Nach Möglichkeit mehrmals aufschütteln und nach diesem Zeitraum filtern und auspressen. In dunklen Flaschen kühl lagern.

Zwei bis drei Mal am Tag einen Esslöffel davon in eine Tasse mit heißem Wasser einrühren und trinken, es kann auch etwas Zucker oder Honig zur Süßung beigegeben werden.

Magenbitter 1

100 g ungespritzte Orangenschalen mit 10 g Eberraute, 10 g Veilchenwurzel, 10 g Tausendguldenkraut, 10 g Benediktenkraut, 5 g Zimtrinde und 5 g Muskatnuss in 2 l Weingeist ansetzen.

Nach drei Wochen Lagerung an einem dunklen, gut temperierten Ort abfiltern, wenn gewünscht, mit Zucker bis zu maximal einem halben Kilogramm verbessern und in dunkle Flaschen füllen, die man rund zwei Monate zur Reifung stehen lassen sollte.

Das magenstärkende und verdauungsfördernde Produkt wird in kleinen Mengen eingenommen.

Magenbitter 2

5 g Alantwurzeln, 5 g Anissamen, 10 g Sternanis, 5 g Tausendguldenkraut und 5 g Weinstein sowie 15 g Engelwurz mit 2 l Obstbrand ansetzen und einige Wochen verschlossen stehen lassen.

Zur Aufsüßung – wenn gewünscht – kann Zucker in Wasser gelöst beigegeben werden.

Die Flüssigkeit in Flaschen abfüllen und einige Wochen stehen lassen.

Salbeischnaps

100 g frischen Salbei in 1 l Kornbrand ansetzen. Sollten keine frischen Blätter zur Hand sein, sind auch getrocknete verwendbar.

Nach drei Wochen den Ansatz abfiltern, der sehr intensiv nach Salbei schmeckt.

Der Ansatz hat hustenlindernde und entzündungshemmende Wirkung und sollte in kleinen Mengen eingenommen werden.

Schwedenbitter

Der Ansatz des Schwedenbitters gehört zu den „sagenumwobenen Geheimnissen", es gibt unzählige Rezepte. Wir führen eines an:

10 g Angelikawurzeln, 5 g Eberwurz, 10 g Myrrhe, 25 g Aloe, 5 g Lärchenschwamm, 2 g Kampfer, 2 g Blutwurz, 15 g Rhabarberwurz, 2 g Bibernell, 15 g Theriak, 2 g Safran, 2 g Muskatnüsse, 2 Sennesblätter, 15 g Kalmuswurzel, 10 g Zitterwurzel, 30 g Muskatbohnen, 10 g Enzian, 5 g Dietamwurzel, 5 g Polus rubra, 50 g Kandiszucker, 20 g reiner Zucker.

Diese Zusammenstellung wird man sich wohl in der Apotheke vorher vorbereiten lassen.

Alles zusammen fein zermahlen oder zerstoßen und in 2 l Kornbrand ansetzen.

Nach 14 Tagen Reifezeit, während häufig geschüttelt wird, den Ansatz abfüllen und den verbleibenden Rest durch einen Kaffeefilter filtrieren.

Danach beide Teile zusammenmischen, erst jetzt den Zucker dazugeben. In kleinen dunklen Flaschen abfüllen und noch ein wenig reifen lassen.

Wacholderschnaps

100 g frische Wacholderbeeren ein paar Tage trocknen und danach zerkleinern (man kann sie auch in einem Mörser zerstoßen). Mit 1 l Obstbrand in einem weithalsigen Glas an einen kühlen Ort stellen und die Flüssigkeit danach filtrieren.

In kleinen Mengen tut die etwas herbe Flüssigkeit einem übersättigten Magen sehr gut.

Zwiebelschnaps

500 g Zwiebeln (fein zerhackt), 50 g Wacholderbeeren (im Mörser zerrieben) und 10 große Knoblauchzehen (ebenfalls fein zerstoßen) in 1 l Kornschnaps und 1/2 l Wasser ansetzen.

Nach einer Woche die Flüssigkeit filtern und in dunkle Flaschen abfüllen.

Der Schnaps hilft gegen Kreislaufstörungen, wenn man täglich ein Gläschen davon trinkt.

LIKÖR-REZEPTE

Likörrezepte haben eine jahrhundertealte Tradition. Die folgenden Rezepte setzen diese Tradition fort und werden ergänzt durch das Praxiswissen gediegener Erprobung.

Die nachfolgenden Anleitungen sind der Schlüssel für das Selbstansetzen, bei dem letztlich die ständige Übung den Meister macht.

Kein Ansatzlikör gleicht dem anderen. Daher bieten die Rezepte den Rahmen für das Gelingen. Das alte Sprichwort „probieren geht über studieren" hat hier besonderes Gewicht.

Die Freude am Selbstgemachten steigert den zweiten Versuch zum Erfolgserlebnis – sollte der erste nicht so ganz gelingen.

Ananas-Rum-Likör

Zwei vollreife Ananas abschälen, von holzigen Teilen befreien und in kleinere Teile zerschneiden. Zu diesen zwei unbehandelte Orangen und zwei unbehandelte Zitronen geben, die vorher sorgfältig gewaschen und danach geviertelt wurden, die Kerne nach Möglichkeit entfernen.

1 l Wasser mit 1/2 kg Zucker, einer Zimtrinde und einigen Gewürznelken aufkochen, bis die Flüssigkeit den Zucker aufgenommen hat. Dann diese über die Ananas, Orangen und Zitronen schütten und einen Tag lang stehen lassen.

Danach den Ansatz mit 2 l hochprozentigem Rum versetzen, das Ansatzgefäß verschließen und vier Wochen lang ausreifen lassen. Dazwischen die Flüssigkeit mehrere Male schütteln.

Nach den vier Wochen die Inhaltsstoffe abseihen und filtrieren, die Flüssigkeit in dunkle Flaschen abfüllen.

Anislikör

50 g Anis, 50 g Fenchel, 50 g Kümmel fein zerstoßen, einige Pfefferminzblätter und 200 g braunen Kandiszucker mit 1 l Obstbrand ansetzen.

Diesen Ansatz vier Wochen an einem warmen Ort stehen lassen, danach filtrieren und in Flaschen füllen (wobei man einige frische Blätter Pfefferminz dazugeben kann).

Dieser Likör wirkt lindernd bei Blähungen.

Aprikosenlikör

1 kg Aprikosen (Marillen) mit 500 g Zucker und 2 l Weißwein aufkochen und nach dem Abkühlen mit 5 g Zimt und 500 ml Weingeist versetzen.

Die Mischung 14 Tage kühl lagern und danach abseihen, filtrieren und in Flaschen füllen.

Beerenlikör (spezial)

Je 200 g Brombeeren, Holunderbeeren und Heidelbeeren in 1 l Wodka zusammen mit 250 g Zuckersirup ansetzen. Den Ansatz ca. zwei Monate an einem hellen Ort aufstellen und ab und zu schütteln.

Vor dem Abfüllen in Flaschen die Menge gut abseihen und filtrieren. Der Ansatzlikör benötigt noch einige Monate zu seiner Vollreife.

Birnenlikör 1

Ein Birnenkompott aus einem 1/2 kg Birnen bereiten, dieses gut süßen und es nach dem Kochen abkühlen lassen. Dann 1 l Maraschino in das Kompott geben und die Flüssigkeit drei Wochen lang kühl und dunkel gelagert ansetzen. Danach abseihen, filtrieren und bis zur Genussreife nach der Flaschenfüllung noch zwei Wochen lagern.

Birnenlikör 2

1/2 kg süße, reife Birnen entstielen, entkernen und zerkleinern, in1 l Kornbrand ansetzen.

Nach 14 Tagen den Sirup mit 1/2 kg Zucker untermischen, weitere 14 Tage die Flüssigkeit kühl und dunkel reifen lassen. Danach sorgfältig filtrieren und in Flaschen abfüllen.

Brombeerlikör

500 g reife Brombeeren – da die Brombeeren erst nach und nach reifen, wird man die erste und zweite Ernte wohl einfrieren – zusammen mit der dritten Ernte gemeinsam in 1 l Obstbrand ansetzen und einen Monat abstellen.

Danach die Flüssigkeit abseihen, mit einem Sirup von 200 g Zucker gut vermengen und in Flaschen abfüllen.

Der Likör ist sechs Monate später genussreif.

Buchenblattlikör

150 g Buchenblätter (sie sollen jung, aber schon voll entfaltet sein) in 1 l Gin sechs Wochen lang in einem wohltemperierten Raum ansetzen.

Danach 250 g Zucker in Wasser auflösen, dem Ansatz beifügen, gut durchrühren, in Flaschen abziehen und noch zwei Monate bis zur Genussreife stehen lassen.

Eierlikör

Diese Spirituose wird – aromatisiert oder nicht – aus Ethylalkohol landwirtschaftlichen Ursprungs gewonnen und enthält hochwertiges Eigelb (kein Trockeneigelb oder kein chemisch konserviertes Eigelb), Eiweiß und Zucker oder Honig. Eierlikör weist mindestens 150 g Zucker oder Honig pro Liter auf. Das Enderzeugnis enthält mindestens 140 g Eigelb pro Liter.

Der Mindestalkoholgehalt beträgt 14 % Volumenprozente. Bei Eierlikör wird die Zusatzbezeichnung „Eierweinbrand" verwendet, wenn der Alkoholanteil zu 60 % aus Weindestillat besteht.

Der Eierlikör ist wohl die bekannteste Likörart. Das hat zur Folge, dass es zahlreiche verschiedene Rezepte zur Herstellung dieser Spezialität gibt. Wir führen in der Folge fünf Rezepte an, sodass nach Belieben die passendste Zubereitung ausgewählt werden kann.

Eierlikör 1

6 Eidotter (von frischen Eiern) mit einem Päckchen Vanillezucker vermischen. Den Abrieb von 5 g Muskatnuss dazumischen. 1/2 l Obers (Sahne) mit 1 l Milch und 300 g Zucker verrühren, diese Flüssigkeit mit dem Dotter-Zucker-Gemisch verbinden, anschließend 750 ml Weingeist dazugeben.

Alle Zutaten sorgfältig zusammenrühren, in dunkle Flaschen abfüllen und steril verkorken, danach drei Monate lang kühl und dunkel lagern.

Vor dem Servieren das Produkt gut aufschütteln.

Eierlikör 2

5 Eidotter mit 250 g Zucker schaumig schlagen, danach mit einem Päckchen Vanillezucker und 1/2 l Milch gut verrühren und anschließend mit 1/2 l Weingeist vermengen. Die Menge in dunkle Flaschen füllen, gut verkorken und im Keller einige Monate lang liegen lassen.

Vor dem Servieren gut schütteln und rasch verbrauchen.

Eierlikör 3

Die Dotter von 15 Eiern verrühren und durch ein feines Sieb pressen. Die Menge in eine Schüssel geben, die durch ein Wasserbad erwärmt wurde. In langsamen Schritten zuerst 500 ml einer Zuckerlösung aus 300 g Zucker und Wasser hineinrühren. Danach das Eiklar von einem Ei, das man zu Schnee geschlagen hat, langsam unterrühren und zum Schluss 500 ml eines Obstbrandes dazufügen.

Besonders zu beachten ist, dass das Einrühren der Zutaten sehr langsam erfolgt bzw. das Wasser im Wasserbad eine Temperatur von 40 °C nicht übersteigt, damit das Eigelb nicht gerinnt. Nachdem nun alles fein verrührt ist, den Eierlikör in dunkle Flaschen abfüllen.

Hinweis

Die Eierliköre haben nur beschränkte Haltbarkeit, sie sind daher möglichst kurzfristig zu genießen.

Eierlikör 4

15 Eidotter in ein Rührgefäß oder in einen Mischbecher einer Küchenmaschine geben. Nun dieser Menge langsam 250 ml Weingeist, 20 ml Cognac, 20 ml Maraschino und 350 ml Zuckerlösung hinzufügen bzw. vorsichtig einrühren. Zur Aromaverfeinerung kann man auch noch 30 ml Rum beigeben.

Zum Schluss den Schnee vom Eiweiß eines Eies unterrühren, alles in ein Gefäß geben, das man in einem Wasserbad langsam bis auf 40 °C erwärmt, und in diesem ständig umrühren. Danach das Gefäß kühl stellen und den so entstandenen Likör durch ein feines Sieb gießen.

Den Eierlikör in Flaschen abfüllen, kühl und dunkel lagern.

Eierlikör 5

5 Eidotter in ein Gefäß geben, das man über einem Wasserbad langsam bis 40 °C erwärmt hat. 250 g Obers (süße Sahne) sorgfältig einrühren und ein Päckchen Vanillezucker dazugeben.

Danach 125 ml Kirschwasser einrühren, das Gefäß aus dem Wasserbad nehmen und bis zum Erkalten weiterrühren. Nach dem Kaltwerden weitere 150 ml Kirschwasser und 250 ml Weinbrand sorgfältig einrühren.

Danach die Menge in Flaschen füllen und sechs Wochen an einem kühlen Ort zur Genussreife aufbewahren.

Engelwurzlikör

100 g der Wurzel fein hacken und drei Wochen in 1 l Obstbrand ansetzen. Danach aus 1/2 kg Zucker einen Sirup bereiten und in den Ansatz einrühren.

Dann noch eine Woche gut temperiert stehen lassen, abfiltern und in Flaschen füllen.

Fichtenlikör

500 g zarte, junge Triebe der Fichte nehmen und schichtenweise in ein weithalsiges Glas einlegen, auf jede Schichte der Triebe eine Schichte Kristallzucker draufstreuen.

Ist das Glas zu drei Viertel voll, mit Kornbrand übergießen, sodass der Kornbrand 2 cm über den jungen Trieben steht.

Diesen Ansatz drei Wochen im Sonnenfenster stehen lassen, anschließend abseihen und in dunkle Flaschen füllen und kühl lagern.

Hagebuttenlikör 1

500 g vollreife Früchte putzen, entkernen und von den Stängeln und Putzen befreien, in eine Flasche geben. Nach Wunsch Rosenblätter dazugeben. Zu diesen 1 l Kirschschnaps geben, der vorher mit 200 g Zucker vermengt wurde. Den Ansatz sechs Wochen lang ruhen lassen.

Danach abseihen, durchfiltrieren und in Flaschen kühl und dunkel lagern.

Hagebuttenlikör 2

1 kg Hagebutten entkernen und entstielen, zur Hälfte aufschneiden und mit 500 g Zucker zwei bis drei Tage an einem wärmeren Ort im Ansatzgefäß hinstellen.

Danach die Schale einer unbehandelten Zitrone und einer unbehandelten Orange, fünf Gewürznelken und eine Zimtstange dazugeben und in 1 1/2 l Weinbrand ansetzen. Die Flasche an einem gut temperierten sonnigen Platz zwei Monate lang stehen lassen. Danach die Flüssigkeit abseihen, filtrieren und in dunkle Flaschen füllen.

Heidelbeerlikör 1

1 kg vorher sorgfältig gewaschene und geputzte (von Stängeln und Blättern befreite) Heidelbeeren mit 2 l Armagnac ansetzen, die Flasche sorgfältig verschließen und sie für zwei Monate an einen lichten, warmen Ort stellen. Ab und zu die Ansatzmenge durchschütteln. Nach dieser Zeit die Flüssigkeit mit 1 l Zuckersirup vermengen, die vermengte Flüssigkeit noch einen Monat lang gut verschlossen an einem lichten, temperierten Ort stehen lassen.

Danach abseihen, filtern und in Flaschen füllen.

Heidelbeerlikör 2

3 l Beeren sorgfältig putzen und waschen, die Beeren sechs Tage lang täglich durcheinander rühren und an einem kühlen Ort stehen lassen.

Danach die Beeren auspressen, zum Saft 500 g Zucker geben und 1/2 l Wasser dazuschütten. Diese Menge eine Stunde lang kochen, dabei den Schaum entfernen. Den gekochten Saft auskühlen und mit 1/2 l Weingeist vermengen, danach die Flüssigkeit nochmals filtrieren und in dunkle Flaschen abfüllen.

Himbeerlikör

Dafür eignen sich am besten frische Waldhimbeeren, doch kann man auch Zuchthimbeeren heranziehen, die allerdings nicht ein so volles Aroma haben.

1 kg Himbeeren in 1 l Wodka geben, dazu eine Vanillestange und je 5 g Koriander- und Anissamen. Diese Menge 14 Tage in einem gut temperierten Raum stehen lassen, danach die Menge abfiltern und in dunkle Flaschen füllen.

Hollerlikör (süß)

500 ml ungesüßter Hollersaft mit 250 ml Weingeist und 300 g Zuckersirup gut vermengen. Das Gemisch zwei Wochen an einem dunklen Ort stehen lassen und danach filtrieren.

Die Flüssigkeit in dunkle Flaschen abfüllen und noch einige Wochen ruhen lassen.

Johanniskrautlikör

100 g Johanniskrautblüten in 1 l Obstbrand 14 Tage ansetzen. Danach dieser Menge 1/2 l Zuckersirup beigeben. Das Gemisch gut umrühren und noch einmal 14 Tage ruhig liegen lassen.

Danach die Flüssigkeit abseihen, filtrieren und in Flaschen füllen.

Kaffeelikör

200 g zerstoßene Kaffeebohnen mit 50 g Muskatnuss, ebenfalls zerstoßen, 50 g Zimtrinde, zwei Vanilleschoten und 1 l Wodka ansetzen.

Nach ca. drei Wochen die Flüssigkeit mit einem Sirup aus 200 g braunen Kandiszucker gut mischen. Das Gemisch weitere drei Wochen in einem dunklen Gefäß oder an einer dunklen Stelle kühl lagern.

Danach die Flüssigkeit sorgfältig filtrieren, in dunkle Flaschen abfüllen und noch zwei bis drei Wochen reifen lassen.

Kamillenlikör

100 g Kamillenblüten, die Schale einer unbehandelten Orange, 5 g Zimt und 400 g Zucker in 1 l Kornbrand ansetzen und 14 Tage lang im Ansatzgefäß belassen.

Danach die Flüssigkeit abseihen, abfiltern und in dunkle Flaschen abfüllen, die kühl und dunkel gelagert werden sollten.

Kirschlikör

1/2 kg Kirschen und 1/2 kg Sauerkirschen in 1 l Wasser kochen, nach dem Erkalten abseihen, filtrieren und auskühlen lassen. 500 g Zucker zu einem Sirup verarbeiten, mit dem Kirschsaft verrühren und 1/2 l Weingeist dazugeben.

Das Gemisch in ein Ansatzgefäß einfüllen und ca. 14 Tage ruhen lassen. Danach noch einmal filtrieren, in Flaschen abfüllen und kühl lagern.

Kornelkirschenlikör

300 g entkernte Früchte in einem Ansatzgefäß mit einer Lösung aus 1 l Obstbrand und 150 g Honig ansetzen. Eine Zimtstange und eine Vanilleschote dazugeben.

Den Ansatz acht Wochen kühl und dunkel stellen, danach abseihen, durchpressen und in dunkle Flaschen füllen.

Kräuterlikör

1 l Kornbrand mit 1 kg weißen Kandiszucker sorgfältig vermischen. Den Abrieb einer Zitrone und zweier Orangen sowie je 2 g Koriander, Kardamom, Oregano, Quendel, Piment, Ingwer, Minze, Kamillenblüten, Fliederblüten, Wacholderbeeren, Kümmelsamen und 10 g Anissamen in dieser Flüssigkeit ansetzen.

Den Ansatz gut verschlossen 14 Tage an eine sonnige Stelle im Haus stellen, danach sorgfältig filtern und in dunkle Flaschen abfüllen.

Kümmellikör

100 g Kümmelsamen mit 100 g Zucker in 1 l Gin ansetzen. Das Ansatzgefäß gut verschlossen zwei Wochen lang an einem warmen und hellen Ort stellen.

Danach die Menge sorgfältig filtern und in Flaschen abfüllen.

Minzenlikör 1

Zu etwa 50 g Minze (es können auch die Stängel dabeibleiben) 200 g zerkleinerte Erdbeeren geben, mit 1 l Obstbrand aufgießen. Diesen Ansatz 14 Tage stehen lassen, dann abseihen, filtrieren. Danach mit einem Sirup aus 150 g Zucker, vermischt mit 150 g Honig, versetzen. Die Flüssigkeit in Flaschen füllen und bis zur Genussreife noch etwa sechs Wochen kühl und dunkel lagern.

Minzenlikör 2

250 g weißer Kandiszucker, 50 g Minze und 20 g Aniskörner in einer Flasche Obstbrand ansetzen und ca. 8 Wochen in einem gut temperierten Raum aufbewahren. Den Ansatz ab und zu aufschütteln.

Nach der Reifezeit den Ansatz filtrieren und in Flaschen abfüllen.

Mispellikör 1

Von 1 kg Mispeln die Stiele entfernen, anschließend im Ganzen oder in Hälften geschnitten etwa eine halbe Stunde kochen, danach abkühlen lassen.

Die Masse durch ein Tuch passieren und die Flüssigkeit kalt stellen (die verbleibenden Mispelreste im Tuch kann man eventuell zur Kompott- oder Musbereitung verwenden).

Die durchgepresste trübbraune Flüssigkeit ins Ansatzgefäß geben, 1 l Apfelsaft beifügen, mit gleicher Menge an Kornbrand mischen und das Gemisch vier bis sechs Wochen in einen wohl temperierten Raum stellen.

Danach die trübe Flüssigkeit filtrieren und ein Viertel der verbleibenden Menge an Zuckerlösung dazu geben. Danach den Likör in gut verschließbare Flaschen füllen.

Mispellikör 2

300 g Mispeln entstielen, im Ganzen in 1 l Obstbrand acht Wochen lang ansetzen.

Den Ansatz mit einem Gemisch aus 150 g weißem Kandiszucker, der in einer gleichen Menge Wasser aufgelöst ist, fein verrühren und noch einmal 14 Tage an einen kühlen Ort stellen. Dann die Flüssigkeit sorgfältig abseihen, filtrieren und in dunkle Flaschen abfüllen.

Nussschalenlikör

300 g grüne Nussschalen, die mit getrockneten Schalen gemischt werden können, in 1 l Kornbrand ansetzen und vier Wochen stehen lassen. Danach 300 ml Zuckerwasser beigeben und in einem Glas vier Wochen in die Sonne stellen. Nach dem Abseihen die Flüssigkeit in dunkle Flaschen füllen und einige Monate lagern.

Auf Grund der magenstärkenden Essenzen der Schalen hilft dieser Likör bei Magenproblemen und Magenkrämpfen, aber auch bei Durchfall.

Nussschalenlikör (russische Rezeptur)

Die Schalen von 20 reifen Nüssen gründlich waschen, zerkleinern und mit 1/2 l Wodka übergießen.

Nach zwei bis drei Wochen abseihen, mit 100 g aufgelöstem Zucker versetzen und in kleine Flaschen abfüllen.

Orangenlikör 1

In 1 l Trester die Schalen von fünf Orangen (unbehandelt) mit 150 g Zucker ansetzen und ca. drei Wochen stehen lassen.

Ab und zu aufschütteln, danach abseihen bzw. filtrieren und in Flaschen abfüllen.

Orangenlikör 2

200 g Erdbeeren, 200 ml Orangensaft und 200 g Zucker einen Tag lang unter mehrfachem Rühren gut vermischen. 1 l Kirschwasser dazugeben.

Diesen Ansatz drei Wochen lang kühl und dunkel lagern, danach abseihen und in Flaschen abfüllen.

Orangenfruchtlikör

1 kg rote Saftorangen schälen, von den weißen Fruchthüllen säubern, klein schneiden und mit 1 l Armagnac einen Monat ansetzen.

Dann den Sirup aus 200 g dunklem Kandiszucker beifügen und die Menge weitere 14 Tage kühl und dunkel lagern.

Danach die Flüssigkeit sorgfältig filtrieren und kühl und dunkel lagern.

Pfefferminzlikör

250 g Pfefferminzblätter in 1 l Weingeist und 1/2 kg Zucker ansetzen. Den Ansatz 14 Tage im Ansatzgefäß belassen, danach in dunkle Flaschen abfüllen und kühl lagern.

Eine vorherige Filterung des gesamten Ansatzes ist notwendig.

Pflaumenlikör

1/2 kg Pflaumen entkernen, nach Möglichkeit enthäuten und zerkleinern. In 1 l guten Rotwein aufkochen und 10 Minuten lang köcheln lassen. Am Schluss des Kochvorganges eine Zimtstange dazugeben (ca. 5 g) und 200 g Zucker sorgfältig einrühren.

Nach dem Erkalten 1/2 l Kornbrand einbringen und im Ansatzgefäß ca. 14 Tage ziehen lassen. Danach die Flüssigkeit gut filtrieren, in dunkle Flaschen abfüllen und kühl lagern. Nach ca. 14 Tagen ist der Likör servierreif.

Quittenlikör

3 kg Quitten kochen und passieren. Den daraus entstehenden Saft mit drei Zimtstangen, 20 Gewürznelken und einigen im Mörser zerkleinerten Mandeln in 1 l Wodka ansetzen. Diesen Ansatz ca. drei Wochen kühl und dunkel lagern und ab und zu schütteln. Dann den Sirup von 500 g Zucker beifügen und den Ansatz drei Wochen kühl und dunkel lagern. Danach die Flüssigkeit sorgfältig filtrieren und in dunkle Flaschen abfüllen.

Rebblütenlikör

300 g Rebblüten in 700 ml Weißwein einlegen und dann einige Tage stehen lassen.

Danach die Flüssigkeit langsam erwärmen. Nun 200 g Zucker zufügen und solange umrühren, bis sich der Zucker auflöst.

Dann das Gemisch abkühlen lassen und im Anschluss daran einen neutral schmeckenden Brand oder Geist in einer Menge von 500 ml zufügen. Die Rebblüten abseihen, eventuell filtrieren und den Likör in dunklen Flaschen kühl lagern.

Der Praxis Tipp

Da die Herstellung des Rebblütenlikörs eher selten ist, wird man mit diesem Produkt besonderes Interesse erwecken.

Rosenblütenlikör

Die Blütenblätter von 10 Duftrosen, 250 g Kirschblätter zusammen mit 750 g Frühkirschen, am besten Sauerkirschen, die vorher entkernt wurden, mit 1 l Weinbrand ansetzen. Sollten noch Jasminblüten vorhanden sein, auf Wunsch 50 g davon in den Ansatz dazugeben.

Diesen Ansatz ein Monat lang in einem gut temperierten Raum ruhen lassen und danach 1/2 kg Zucker, der zu Sirup verarbeitet wurde, untermischen.

Diese Flüssigkeit eine weitere Woche lang stehen lassen, danach sorgfältig abseihen bzw. filtrieren und in dunkle Flaschen füllen.

Der Praxis Tipp

Sollten keine dunklen Flaschen vorhanden sein, ist die Aufbewahrung in einem dunklen Raum empfehlenswert.

Salbeilikör

50 Salbeiblätter mit 5 Gewürznelken und der Schale von 5 ungespritzten Zitronen in 1 l Obstbrand geben, dieses Gemisch vier Wochen lang ruhen lassen. Während dieser Zeit den Ansatz ab und zu aufschütteln.

Danach ein Sirup aus 250 g Honig und 250 g braunem Kandiszucker herstellen und der Menge beifügen. Nach einer weiteren Lagerung von zwei Wochen die Flüssigkeit filtrieren und in Flaschen abfüllen. Danach weitere drei Monate kühl und dunkel lagern, bis sie die Genussreife erlangt.

Schlehenlikör 1

1 kg Schlehen, die bereits einen Frost hinter sich haben, in 3 l Wasser kurz aufkochen und danach einen Tag stehen lassen. Danach das Wasser abgießen.

Die Schlehen danach mit 1 kg Zucker überdecken und einen Tag stehen lassen, damit der Zucker sich auflösen kann. Danach eine Stange Zimt, eine Vanilleschote und einige Gewürznelken dazugeben und mit 1 1/2 l Wodka aufgießen. Die Menge sechs Wochen lang ansetzen und danach abfiltrieren.

Den Likör zwei bis drei Wochen in den abgefüllten Flaschen lagern, bis er genussreif ist.

Der Praxis Tipp

Die abfiltrierten Schlehenfrüchte können als Zugabe für Desserts, aber auch für Bratensaucen verwendet werden.

Schlehenlikör 2

500 g reife Schlehen, die den ersten Frost bereits hinter sich haben, mit 200 g Zucker und 1 l Gin ansetzen. Diesen Ansatz ca. 8 Wochen nicht allzu kühl lagern, danach abseihen und in kleine Flaschen füllen.

Der Schlehenlikör braucht noch eine gewisse Reifezeit, um trinkfertig zu sein.

Schlüsselblumenlikör

300 g Blüten mit 1 l „Obstler“ ansetzen.

Den Behälter an einem sonnigen Platz ca. einen Monat stehen lassen, danach abseihen und 300 g Zucker auflösen und dazurühren. Danach die Flüssigkeit noch einmal eine Woche stehen lassen, ehe sie in Flaschen abgefüllt wird.

Der Praxis Tipp

Variation: 300 g Blüten mehrere Tage in 1 l Wasser ansetzen, die Süßung soll durch Honig erfolgen. Danach kann man den Honigblütensaft zur Vergärung bringen und hat damit einen interessanten „Met“ gewonnen.

Tannenlikör

500 g junge Tannentriebe in 1 l Grappa ansetzen, das Gemisch 14 Tage an einem warmen, sonnigen Ort stehen lassen und immer wieder durchschütteln.

Den Ansatz an einen kühlen und dunklen Ort geben, danach abfiltern. Die gleiche Menge an dunklem Kandissirup dazugeben und gut vermengen. Im Anschluss die Flüssigkeit in die Flaschen füllen.

Die Genussreife ist nach 14 Tagen gegeben.

Teelikör

Dieses Rezept ist umstritten, wird jedoch in vielfältigsten Varianten immer wieder ausprobiert. Eine der verschiedenen Möglichkeiten:

200 g grünen Tee mit 1 l Wasser aufbrühen. Die verbleibende Menge abseihen und 1 l Tresterschnaps dazugeben.

Diese Flüssigkeit eine Woche stehen lassen und dann mit dem Sirup von 300 g dunklem Kandiszucker vermischen. Danach filtern und in dunklen Flaschen kühl lagern.

Vanillekaffeelikör

100 g Kaffeebohnen in einem Mörser grob zerstampfen, mit einer Vanilleschote und 200 g braunem Kandiszucker in das Ansatzgefäß geben und mit 1 l braunem Rum übergießen. Diesen Ansatz ca. 3 Wochen kühl und dunkel lagern, zwischenzeitlich ab und zu aufschütteln.

Die Flüssigkeit danach abseihen und in dunklen Flaschen kühl lagern.

Vogelbeerlikör

1/2 kg Vogelbeeren sorgfältig waschen, mit einer Vanilleschote und einigen Pimentkörnern in 1/2 l Obstbrand ansetzen und ca. sechs bis acht Wochen an die Sonne stellen. Dann die Flüssigkeit abseihen und mit Honig süßen – je nach Geschmack. Danach eine Woche ruhen lassen und nach dem Filtrieren in Flaschen abfüllen.

Walderdbeerenlikör

500 g Walderdbeeren mit 300 g Zucker in 1/2 l Wasser aufkochen. Dabei ständig umrühren und die Früchte zerquetschen. Nach dem Kochen die ganze Masse auskühlen lassen. Nach dem Kaltwerden die Menge mit 1 l Kornbrand ansetzen, weitere 300 g frische Walderdbeeren dazugeben. Das Gemisch 14 Tage lang in einen dunklen Raum stellen. Danach die Flüssigkeit abfiltern und in Flaschen geben und noch etwa weitere 14 Tage auf die Genussreife warten.

Walnusslikör

1 kg grüne Walnüsse mit Schale im Mörser zerstampfen, mit 10 g Zimtrinde und 5 g Gewürznelken in 2 l Weinbrand ansetzen und fünf Wochen dunkel und kühl lagern. Danach ein Sirup aus 400 g weißem Kandiszucker und 400 g normalem Zucker der Menge zufügen, gut verrühren und ein weiteres Monat kühl und dunkel lagern.

Danach die Menge abseihen, einen Tag stehen lassen und in der Folge sorgfältig filtrieren. Dieser Likör sollte nach dem Abfüllen noch ca. zwei bis drei Wochen vor dem Genuss ruhen.

Weintraubenlikör

2 kg Weintrauben – nach Möglichkeit ungespritzte, zumindest jedoch gut gewaschen, mit möglichst hohem Eigenaroma (wie Traminer- oder Muskatellertrauben) – zerdrücken und in 2 l Weinbrand ansetzen.

Diese Menge ein Monat lang kühl und dunkel lagern. Dann sorgfältig durchpassieren und mit dem Sirup von 1 kg Zucker vermischen. Diese Menge drei Wochen ruhen lassen, danach zweimal filtrieren und in dunkle Flaschen abfüllen.

Zimtlikör

Eine Vanilleschote, fünf Zimtstangen, 150 g braunen Kandiszucker und den Abrieb einer unbehandelten Zitrone und einer unbehandelten Orange in ein Ansatzgefäß geben und dieses mit 1 l braunem Rum aufgießen.

Diesen Ansatz ca. 6 Wochen an einen dunklen Ort geben und ab und zu aufschütteln. Nach dieser Zeit kann er abfiltriert und in kleinere Flaschen abgefüllt werden.

Hinweis

Die Haltbarkeit dieses Likörs beträgt ca. ein halbes Jahr.

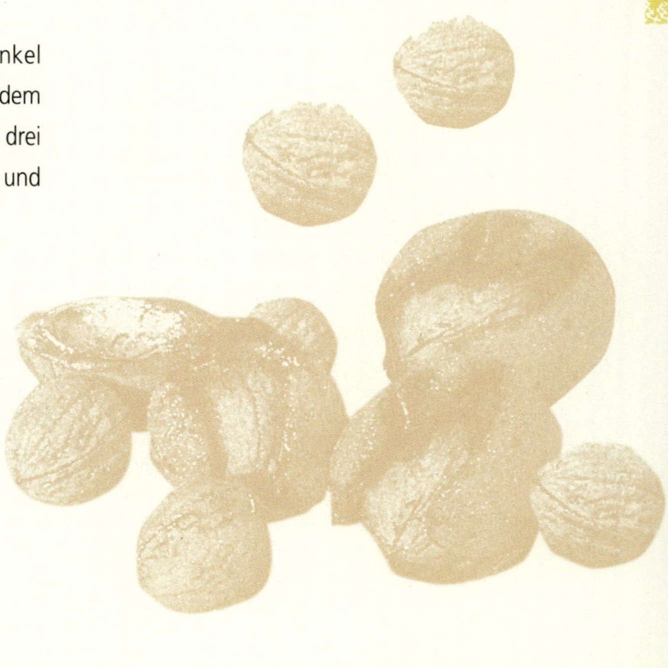

Zitronenlikör 1

Die Schale von 12 unbehandelten Zitronen in 1 l Weinbrand (besondere Feinspitze können auch Cognac verwenden) einen Monat lang ansetzen. Im Anschluss den Sirup von 300 g Zucker beimischen und weitere zwei Wochen stehen lassen. Danach die Flüssigkeit filtrieren und in Flaschen abfüllen.

Zitronenlikör 2

In 1 l Obstbrand 250 ml Zitronensaft, den Abrieb von den Schalen von zwei Zitronen und zwei Orangen sowie 250 g Zucker hineingeben.

Den Ansatz ca. 14 Tage kühl und dunkel lagern, danach abseihen und in dunkle Flaschen abfüllen.

Hinweis

Dieser Likör weist keine lange Haltbarkeit auf.

RUMTOPF

Für die Zubereitung eines Rumtopfes, ein beliebter „Verwandter" der Liköre, sind einige Voraussetzungen erforderlich:

Man sollte ein etwa 10 Liter umfassendes Steingutgefäß verwenden, das einen Deckel aufweist, der in der oberen Rinne des Gefäßes so aufgesetzt wird, dass man in diese Rinne noch 40%igen Kornbrand zur Vermeidung des Eindringens schädlicher Keime eingießen kann (was nicht unbedingt notwendig ist – ein gutes Abschließen muss jedoch gewährleistet sein).

Die alkoholische Konzentration der Flüssigkeit im Rumtopf sollte letztlich mindestens 20 % ausmachen, damit Bakterien, aber auch empfindliche Hefen keine Chance zu ihrer Entwicklung haben.

Die Flüssigkeit des Alkohols muss immer über den Früchten stehen, damit ein Anschimmeln oder andere Beeinträchtigungen vermindert werden.

Es ist jedoch darauf zu achten, dass zu hoher Alkoholgehalt die Früchte hart macht und auch das Aroma und der Geschmack darunter leiden.

Wichtig ist der jeweilige Zuckeranteil der Flüssigkeit. Höherer Zuckeranteil unterstützt den Alkohol in seiner konservierenden Wirkung.

Wie bereits mehrfach ausgeführt, ist nur beste Qualität der Früchte ein Garant für einen guten Rumtopf. Man muss dabei beachten, dass die Früchte, die bereitgestellt und konserviert werden, einen größeren Wasseranteil haben, sodass die Konzentration des Rums – wenn es möglich ist – über 40 Volumenprozente aufweisen soll.

Es werden in weiterer Folge einige Fruchtvarianten für einen Rumtopf angezeigt, jedoch ist es durchaus möglich, von diesen abzugehen und jene Früchte zu verwenden, die gerade im Garten vollreif werden oder die man günstig einkaufen kann.

Aus dem Rumtopf kann man nicht nur die mit den Fruchtaromen angereicherte Flüssigkeit genießen, sondern auch die Früchte selbst, die bei einigen Gerichten mitverarbeitet oder als Dessert zusammen mit anderen Zutaten zu einer köstlichen Kombination vereinigt werden können.

Es ist darauf zu achten, dass infolge des hohen Alkoholanteils der Früchte die Kalorien dementsprechend hoch sind.

Rumtopf 1

Erntereife Früchte sollten in der nachfolgenden Reihenfolge in den Rumtopf geschichtet werden, wobei man sie nach dem Waschen und Reinigen ca. 1 Stunde lang in einen Teller, in dem genügend Zucker vorbereitet wurde, hin und her schwenkt. Danach werden die Früchte in den Rumtopf ein-

geschlichtet und sofort mit Rum übergossen, sodass noch ca. 2 cm Flüssigkeit über den Früchten verbleibt.

Man könnte folgende Reihenfolge wählen:

250 g Kirschen (nicht entsteint oder entsteint), 250 g Nüsse, die man im grünen Zustand erntet (etwa Mitte bis Ende Juni) und halbiert, 250 g Stachelbeeren, 250 g Marillen (Aprikosen), die man vorher enthäutet, entsteint und halbiert, 250 g Himbeeren, 250 g Johannisbeeren (rot), 250 g Zwetschken (entsteint), 250 g Birnen, 250 g Ananas (abgeschält und in Scheiben geschnitten, wobei das Innere zu entfernen ist), 250 g Weintrauben, 250 g Orangen (abgeschält und entkernt).

Der Praxis Tipp

Sollten die Früchte nach dem Einlegen und dem Übergießen des Rums nach oben schwimmen, kann man auf die Oberfläche einen Steinguttel-ler legen, der die Früchte unter die Flüssigkeit drückt.

Man sollte mit der Fruchteingabe in den Rumtopf etwa im Oktober schließen und kann dann gegen Weihnachten sowohl die Früchte als auch die Flüssigkeit genießen. Nicht zu vergessen ist jeweils pro Lage Früchte etwa 150 g Zucker dazuzugeben.

Weiters ist wichtig, dass man den Rumtopf kühl lagert.

Es ist notwendig, dass man den Rumtopf während seiner Lagerzeit sorgfältig umrührt.

Der Praxis Tipp

Sollte durch zu geringen Alkoholgehalt der Rumtopf zu gären beginnen, ist hochprozentiger Rum unmittelbar nachzufüllen. Die Haltbarkeit des Rumtopfes beträgt bis zu einem Jahr, doch sollte man bemüht sein, den Inhalt früher zu konsumieren, damit die Früchte nicht hart werden.

Es ist immer wieder darauf zu achten, dass nach der Entnahme von Früchten der verbleibende Rest mit Flüssigkeit überdeckt bleibt.

Rumtopf 2

Selbstverständlich ist es auch möglich, den Rumtopf mit einer anderen Spirituose anzusetzen, ob dies Kirschwasser, Cognac oder Wodka ist. Das Geschmacksempfinden des jeweiligen Herstellers ist dabei das einzige Kriterium, welche Sorte von Spirituosen man verwendet.

Im Mai werden 500 g Erdbeeren, die vorher sorgfältig gewaschen worden sind, mit 500 g zerstoßenem, weißem Kandiszucker und 500 ml hochprozentigem Rum angesetzt.

Der Rumtopf wird an einen kühlen und dunklen Ort gestellt.

Im Juni gibt man 500 g Ribisel (Johannisbeeren) wieder mit 500 g zerstoßenem Kandiszucker und 500 ml Rum dazu und lässt das Gefäß stehen.

Im Juli fügt man 500 g Marillen (Aprikosen), 500 g Pfirsiche und 500 g Kirschen hinzu (alle nicht entkernt) sowie ein Kilogramm weißen, zerstoßenen Kandiszucker. Man füllt mit Rum so weit auf, dass die Flüssigkeit einen Zentimeter über den letzten Früchten steht.

Im August werden 500 g Pflaumen, 500 g Weichseln (Sauerkirschen) und 500 g zerstoßener Kandiszucker dazugegeben und wieder soviel Rum, dass die Flüssigkeit einen Zentimeter über den letzten Früchten steht.

Im September folgen 500 g Birnen (entkernt und geviertelt), 250 g weißer Kandiszucker und genügend Rum.

Im Oktober folgen 500 g Ananas, 500 g Weintrauben und 500 g weißer Kandiszucker. Mit Rum wird wieder aufgefüllt.

Nach einem Monat der Rast kann man bereits die Früchte und den Saft probieren bzw. verwenden.

REGISTER

REZEPTE A–Z
ANSATZSCHNÄPSE

REZEPTE A–Z

LIKÖRE